Friederike Hehn
Homöopathie
Das Kochbuch von 1834

SEVERUS Verlag

ISBN: 978-3-95801-707-8
Druck: SEVERUS Verlag, 2017
Nachdruck der Originalausgabe von 1834

Covergestaltung: Annelie Lamers

Der SEVERUS Verlag ist ein Imprint der Diplomica Verlag GmbH.
Bibliografische Information der Deutschen Nationalbibliothek:
Die Deutsche Nationalbibliothek verzeichnet diese Publikation in der Deutschen National-
bibliografie; detaillierte bibliografische Daten sind im Internet über http://dnb.d-nb.de
abrufbar.

© SEVERUS Verlag, 2017
http://www.severus-verlag.de
Printed in Germany
Alle Rechte vorbehalten.
Der SEVERUS Verlag übernimmt keine juristische Verantwortung oder irgendeine Haftung
für evtl. fehlerhafte Angaben und deren Folgen.

Friederike Hehn

Homöopathie
Das Kochbuch von 1834

Inhalt

Vorrede 3
Erlaubte Genüsse 7
    Fleischarten 7
    Gemüse 7
    Reifes Obst 7
    Getränke 8
Verbotene Genüsse 9
    Fleischarten 9
    Gewürzhafte Kräuter, Samen und Wurzeln 9
    Eigentliche Gewürze 9
    Getränke 9
Von der Zubereitung verschiedener Suppen 11
Von der Zubereitung der Saucen 20
Von der Zubereitung des Fleisches 24
Von der Zubereitung der Fische 30
Von der Zubereitung verschiedener Gemüse 34
Von der Zubereitung verschiedener Puddings und Mehlspeisen 45
Von der Zubereitung der Pasteten 65
Von der Zubereitung der Braten 72
Von der Zubereitung verschiedener Backwerke 77
Von der Zubereitung verschiedener Kompotts, Cremes
    und Flameris 96
Von der Zubereitung einiger Getränke 103
Von der Zubereitung eingemachter Früchte 106
Register 113

Vorrede

Wie viel zur Erhaltung der Gesundheit auf die Wahl und Zubereitung unsrer Nahrungsmittel ankomme, hat wohl schon jeder erfahren, welcher, von der Einfachheit einer naturgemäßen Lebensweise abweichend, sich zu den erkünstelten und aus den heterogensten Bestandteilen zusammengesetzten Genüssen wendete, welche die raffinierten Produkte der kultivierten Küche darbieten. Ärzte aller Zeiten und das physische Wohl der Jugend berücksichtigende Erzieher haben es daher für nötig erachtet, besondre diätetische Vorschriften in dieser Beziehung zuerteilen, welche, in Übereinstimmung mit den herrschenden ärztlichen Theorien, oft ebenso verschiedenartig, ja widersprechend lauten, wie diese. Ein allgemein gültiges Gesetz hier aufzustellen ist allerdings umso schwieriger, je mannigfacher die Bedürfnisse sind, welche die Besonderheit der physischen Neigungen, der Lebensweise, der Temperatur- und Witterungseinflüsse und der daraus hervorgehenden Gewohnheiten mit sich bringt. Viele diätetische Vorschriften erhalten hiernach nur eine relative Gesetzesbedeutung. Da jedoch die Diätetik im Allgemeinen nur den Zweck haben kann, alle bedeutenderen Störungen des Gleichgewichtes im Organismus so viel als möglich zu verhüten (denn Gesundheit beruht nur aus Erhaltung dieses Gleichgewichtes in seiner Entwicklung) – so kann auch das allgemeine Prinzip der Diätetik keine besondre Rücksicht auf jenes Austreten aus den Grenzen der naturgemäßen Lebensweise nehmen, wodurch die oben angegebenen Bedinungen der Gesundheit an und für sich schon aufgehoben werden. Dergleichen Abschweifungen zu verhüten, liegt in der Regel dem ärztlichen Wirkungskreise zu fern, während die Erziehung hauptsächlich hier ihren wohltätigen Einfluss zu bewähren hat.

Der einzige richtige und sichere Grundsatz, wovon demnach jene besondern Vorschriften der ärztlichen Diätetik ausgehen können, würde sich in dem Gesetz aussprechen: Bei den Arten der Nahrungsmittel und ihrer Zubereitung alles zu vermeiden, was jenes Gleichgewicht – die Gesundheit – stört. Stören aber kann dasselbe nur, was einseitige Bestrebungen im Organismus, besondre, nicht zur Erhaltung und Ernährung notwendige Tätigkeiten, und folglich fremdartige Reizungen hervorruft. Auf mögliche Vermeidung dieser ihrer eigentlichen Bedeutung nach arzneilichen Einmischungen in Speisen und Getränken, auf Reinerhaltung des eigentlichen Nahrungsmittels als solchemund sonach auf Wiederherstellung einer möglichst naturgemäßen Lebensweise zielen vor allem namentlich auch die von dem Stifter der Homöopathie gegebenen Vorschriften hin. Die strenge Beobachtung derselben ist aber für Kranke,die sich einer homöopathischen Kur unterwerfen, umso unerlässlicher, da dergleichen arzneiliche Einflüsse, wie sie das Gleichgewicht im gesunden Zustande aufheben, auch notwendig die ursprüngliche Einfachheit jeder Krankheit aus den Heilbestrebungen im Organismus, folglich auch die Wirkungen der Arzneimittel, welche diese Bestrebungen unterstützen sollen, stören müssen.

Die Beobachtung dieser Vorschriften ist also nicht nur unerlässliches Erfordernis zur Einleitung und Durchführung einer homöopathischen Kur, sondern im Allgemeinen auch allen Gesunden zu empfehlen, es müsste denn eine oft unvermeidliche Abnormität in der Lebensweise ihnen gewisse naturwidrige Genüsse zu einem Bedürfnisse gemacht haben, dessen sie sich nicht ohne bedeutende Nachteile für ihre Gesundheit plötzlich entäußern können.

Ganz besonders aber ist Müttern und Pflegerinnen zu empfehlen, sich bei Ernährung von Kindern nach diesen Vorschriften zu richten, weil sie durch Vermeidung fremdartiger Reizungen so manchen einseitigen und übereilten Entwicklungen,einer übergroßen Erregbarkeit und Empfänglichkeit und sonach auch einer Reihe von Krankheiten vorbeugen können, welche eben darin ihren Grund haben.

Eine Anleitung zu schmackhafter und kräftiger Zubereitung reiner Nahrungsmittel in mannigfacher Auswahl geben nachstehende Koch-Vorschriften, welche umso mehr Empfehlung verdienen, da die bisher indiesem Sinne und zu diesem Zwecke abgefassten Kochbücher sich von oben erwähnten verbotenen Einmischungen nicht hinlänglich rein erhalten haben.

Die durch frühere Schriften schon bekannte Verfasserin hat sich, wie dies von einer so erfahrnen Köchin zu erwarten steht, und wie Kenner versichern, bestrebt, dem oft gehörten Vorwurfe, als ob die homöopathische Lebensweise sich auf gar zu wenige Genüsse beschränken müsse, durch eine große Mannigfaltigkeit der Gerichte zu begegnen, zu deren Bereitung sich die Künste der süddeutschen Küche mit der von Norddeutschland vereinigen. Und somit, denke ich, wird sie mit diesem Kochbuche dem Publikum eine willkommene Gabe darreichen.

Das Verzeichnis der Nahrungsmittel, deren Gebrauch bei einer homöopathischen Diät untersagt oder nur bedingungsweise erlaubt ist, wird dem Buche selbst vorangehen.

Berlin, den 15ten August 1833

Dr. Stüler, Medizinalrat

Erlaubte Genüsse

Fleischarten

Wildbret, doch nicht zu altes, Rind- und Schöpfenfleisch[1], roher magerer Schinken ohne Pfeffer, Hühner, Truthühner, nicht allzu junge Tauben, gebratenes Kalbsfleisch. – Unter den Fischen: Forellen, Hecht, gewässerte Heringe, dergleichen Sardellen, Karpfen, doch ohne Gewürze, Wurzeln und Essig.
Butter, nicht zu alter Käse ohne Kümmel.
Weiche Eier.
Ungewürzte und nicht zu fett bereitete Mehlspeisen.

Gemüse

Spinat, Schoten, Bohnen, Mohrrüben, Blumenkohl, Kohlrabi, weiße Rüben, Teltower Rübchen, Weißkraut, Kartoffeln. Die verschiedenen Hülsenfrüchte, als: Reiß, Gräupchen, Grieß, Grütze, Hirse, Spelz, Sago, Salep, Erbsen, Linsen, Bohnen.

Reifes Obst

Pflaumen, süße Kirschen, Äpfel, Birnen, Weintrauben, Himbeeren, Stachelbeeren, Mispeln, Aprikosen, Korneliuskirschen, Erdbeeren; die getrockneten oder mit reinem Zucker ohne Gewürze eingemachten Früchte derselben, so wie bisweilen aus diesen bereitetes Eis, ebenfalls ohne Zusatz von Gewürzen. (Bei Kolik und Durchfall sind auch die grünen Gemüse, die Obstarten und weichen Eier untersagt.)

---

1 Hammelfleisch (Anm. d. Verlags)

Getränke

Reines, oder bis zur angenehmen Süßigkeit mit Zucker, Himbeersaft (in einigen chronischen Krankheiten mit einem Teile Wein auf zwölf Teile) gemischtes Wasser, völlig reines, nicht zu stark gehopftes, gut ausgegorenesWeiß-und Braunbier, Luftmalz- und Halbbier, ungewürztes Warmbier, Abkochungen von getrocknetem Obst, Hafergrütze, Geiste, Reiß, Gräupchen – Kakao und wie Kaffee gebranntes Korn, Rindfleisch-, Hühner- und Taubenbrühe, Kuhmilch (seltener Buttermilch), Mandelmilch, die durchaus keine bittere Mandeln enthalten darf, ungewürzte Schokolade.

Täglich mache man sich, wenigstens eine Stunde, mäßige Bewegung in freier Luft.

Verbotene Genüsse

Fleischarten

Schweine-, Enten-, Gänse-, Pökel-Fleisch, Wurst. Die meisten Fischarten: Aal, Lachs, marinierte Heringe, Pöklinge, Austern, Krebse. Gänse- und Schweinefett, ranzige Butter, harte Eier, Honig.

Gewürzhafte Kräuter, Samen und Wurzeln

Sauerampfer, Spargel*, Senf, Meerrettich*, Petersilie, Zwiebeln, Knoblauch, Sellerie, Rettich, Radieschen, Runkelrüben, Pfefferkraut, Kümmel, Majoran, Salbei, Dill, Koriander, Basilikum, Fenchel, Wachholderbeeren, Pilze, Hagebutten, Pfefferminze, Brunnenkresse, Pastinakwurzeln, Kalmus, Kräutersuppen, Kräuterkäse, Eichorien und Storzonerwurzeln*.

Eigentliche Gewürze

Zimt, Safran, Ingwer, Pfeffer, Muskatnuss, Vanille, Cayennepfeffer, Soja, Lorbeerblätter, Zitronenschalen*, Zitronat, bittere Mandeln, Nelken, neue Würze, Welsche-Nüsse an Speisen, Sausen, Konfitüren, eingemachte Früchte, Gefrorenem – gewürzte Schokolade, gewürztes Backwerk.

Anmerkung: Die mit * bezeichneten Gewürze sind ausnahmsweise nur in chronischen Krankheiten gestattet.

Getränke

Mineral-Wässer, als: Selterer, Fachinger und Wein, Cognac, Arak, Rum, Branntwein, Liqueure jeder Art, Bischof, Punsch, Cardinal, Necos und Kaffee, starker chinesischer und russischer Tee, die Teeaufgüsse aus Fliederblüten, Kamille, Baldrian, Ehrenpreis, Schafgarbe, Melisse, Quecken, Brust- und blutreinigender Tee, Biere, welche betäubende Kräuter enthalten, Doppelbiere, Biere mit Zusatz von Ingwer oder andern Gewürzen. – Vegetabilische Säuren, wie Zitronensäure, mit scharfen Stoffen geschärfter Essig und damit bereitete Saucen, Salate, saure Gurken, italienische Salate, Kräuteressig, usw.

Aus arzneilichen Stoffen: China, Sandelholz, Cascarilla, Ambra, Holzkohle, Weinsteinrahm usw.; aus Ambra, Moschus, ätherischen Ölen aller Art bereitete Parfümerien, Pomaden, Seifen-, Riech- und Waschwasser, Riechen an Eau de Cologne, Eau de Luce, Naphthen, Riechsalz und Räucherpulver, Räucherwasser, Ofenlack, Räucherkerzen und Schwefel- und Schwefelhölzchen-Dampf, Kräuter- und wohlriechende Schnupftabake, stark duftende Blumen, riechende Salben, Pflaster, spanische Fliegen und sonstige innere und äußere Hausmittel, große Stubenhitze, vieles Sitzen, Schaukeln, langer Mittagsschlaf, Nachtleben, sumpfige Wohnung, dumpfiges Zimmer, karges Darben, so wie übermäßige und anhaltende Anstrengungen des Geistes.

Abweichungen von diesen allgemeinen Vorschriften wird der Arzt, nach der verschiedenen Beschaffenheit der Krankheit und der Körperkonstitution, besonders angeben.

Anmerkung: In akuten (schnell verlaufenden) Krankheiten muss diese Diät-Vorschrift ohne Ausnahme aufs strengste beobachtet werden, falls nicht der Arzt es nötig findet, den Kranken auf einzelne bestimmte Speisen und Getränke zu beschränken.

Erster Abschnitt

Von der Zubereitung verschiedener Suppen

1. Bouillon zu allen Suppen. Um einen recht kräftigen Bouillon zu bekommen, muss man zu 1½ Pfund Rindfleisch 1 Quart Wasser rechnen. Man wäscht das Fleisch einige Mal ab, lässt es aber nie lange im Wasser liegen, indem dadurch das Fleisch sowohl als die Brühe schlecht und abschmeckend wird. Dann setzt man es mit kaltem Wasser bei und salzt es sogleich, damit es gehörig durchzieht. So lässt man es 3 oder, wenn es ein großes Stück ist, auch 4 Stunden ganz langsam kochen, worin man es immer erhalten und sehr darauf sehen muss, dass es nicht zu stark kocht und dann wieder lange steht, ohne nur zu ziehn. Nach dem Abschäumen, welches gleichfalls sehr sorgfältig geschehen muss, gibt man einige Mohrrüben, Zuckerwurzel, ein paar abgeschälte rohe Kartoffeln, eine kleine Kohlrabi und ein bisschen Weiß- oder Blumenkohl dazu, damit der Bouillon einen angenehmen Geschmack bekommt. So gebraucht man nun diesen zu jeder Art von Brühsuppen, welche hier noch näher angegeben sind.

2. Suppe mit Graupen. Man kann zu 2 Quart Bouillon ¼ Pfund Graupen rechnen, wenn man von der schönen runden Sorte nimmt. Diese werden mit kaltem Wasser und einem Stückchen Butter zum Feuer gesetzt, ganz langsam ausgequollen und dick und sämig gekocht, dann in den größern Topf mit einem ganz kleinen Stückchen Butter recht tüchtig durchgeschlagen, der abgeklärte Bouillon kochend darauf gegeben, und so noch etwas durchgekocht, dann einige Eidotter nach Verhältnis der Quantität, ungefähr 2 zu einem Quart, dazu gequirlt und dann zu Tische gegeben.

3. Suppe mit Reis. Man weicht den Reis, welchen man zu der Suppe bestimmt hat, in kaltem Wasser ein, und lässt ihn wenigstens eine Stunde darin stehn, damit sich das Unreine, welches dem Reis gewöhnlich einen sauren Geschmack gibt, auflöst. Dann wäscht man ihn mit der Hand oder mit einem Quirl so lange, bis das frisch darauf gegossene Wasser ganz rein bleibt. Nun gießt man erst ein paar Mal kochendes Wasser darauf, und dann wird er zum Bouillon gegeben.

4. Suppe mit Mehlgräupchen. Dazu verfertigt man einen Teig wie zu den geschnittenen Nudeln, aber so fest, als nur immer möglich ist. Derselbe wird nun auf dem Reibeisen gerieben, dazwischen immer wieder in etwas Mehl eingetaucht, damit er besser zu reiben ist, und dann getrocknet zum Bouillon gegeben. Diese Mehlgraupen sind auch sehr gut, wenn man sie in frischer Butter ganz dunkelgelb röstet und dann, in Ermangelung der Fleischbrühe, in gehörig gesalzenem Wasser aufkocht; nur müssen sie nicht zu dünn gemacht werden.

5. Suppe mit Grieß. Wenn der zur Suppe bestimmte Bouillon kocht, nimmt man den feinen Grieß, quirlt ihn mit etwas kaltem Wasser an, gießt unter beständigem Umrühren denselben zur Brühe, und lässt ihn langsam, aber ja gehörig auskochen. Man kann auch den Grieß mit Wasser und Butter sehr gut kochen; nur muss man dabei darauf sehen, dass die Butter frisch und ohne Beigeschmack ist. Auch so geröstet, wie bei den Mehlgraupen gezeigt worden, schmeckt er sehr gut.

6. Suppe mit Nudeln. Man verfertige sich die Nudeln vorher auf die gewöhnliche Weise, und rechne auf 2 Personen 1 Ei, welches man mit etwas Salz und so viel Mehl vermengt, dass der Teig , wenn man ihn auf dem Brett knetet, sich gar nicht mehr anhängt. Dann wird er so dünn wie möglich ausgerollt und auf ein reines Tuch gelegt, damit er gehörig abtrocknet – jedoch so, dass er nicht bricht – dann in einige Teile zerschnitten, zusammengerollt, und nun die Nudeln so fein, als es nur immer möglich ist, geschnitten. Wenn die dazu bestimmte Fleischbrühe kocht, streut man die Nudeln ganz lose hinein, und lässt sie nur kurze Zeit kochen oder vielmehr nur einige Mal überwellen, indem sie sonst schliefig werden.

7. Suppe mit Hühnern. Man wäscht und reiniget die Hühner von allem, was einen übeln Geschmack geben kann, und setzt sie dann mit kaltem Wasser und einigen Händen voll grüner Erbsen, Mohrrüben oder Zuckerwurzeln zum Feuer. Wenn die Hühner gehörig weich sind, werden sie heraus genommen, die Brühe durch ein Haarsieb gegossen und über gerösteter oder in Butter gebratener Semmel angerichtet. Auch mit Nudeln sind die Hühner gut; nur müssen dann die Erbsen wegbleiben und an deren Statt einige der benannten Wurzeln mit gekocht werden.

8. Kraftsuppe. Man schneidet von 2 oder 3 Suppen-Hühnern, nachdem sie rein geputzt sind, die Brüste ab und stößt das Übrige in einem Mörser ganz klein. Dann nimmt man auf 2 Pfund Suppen-Knochen, welche recht oft durchgehauen sein müssen, eine Hand voll Mohrrüben und eben so viele Zuckerwurzeln, setzt dieses zusammen mit 5 Quart Wasser zum Feuer und lässt es bis auf die Hälfte einkochen. Dann wird es durch ein Haarsieb gegossen und wieder zum Feuer gebracht, um folgende Klößchen darin zu kochen: Man hackt des Fleisch von den Hühnerbrüsten ganz fein, dann rührt man ¼ Pfund frischer oder doch wenigstens recht rein ausgewaschener Butter zu Sahne, tut nach und nach das Gelbe von 6 Eiern hinein; dann das gehackte Hühnerfleisch, 1 Esslöffel voll feines Mehl, den Schnee von den 6 Eiern, gehörig Salz, und zuletzt so viel geriebene Milchbrote, bis man Klößchen davon machen kann. Diese müssen dann sogleich in die kochende Brühe , so dass die geriebenen Milchbrote beim Kochen aufquellen, damit sie schön locker werden, worauf sie, nachdem man eins davon geprobt hat, ob sie auch gar seien, zu Tische gegeben werden. Diese Suppe kann man auch von alten oder jungen Tauben machen; nur dass man immer mehr Tauben als Hühner dazu nehmen muss. Auch kann man statt der Klößchen Graupen, Reis oder geröstete Semmel nehmen.

9. Suppe von Lerchen. Man schneidet 1 Pfund Rindfleisch in dünne Scheiben und setzt es mit einem Stücke Butter auf Kohlen, gibt etwas Mohrrüben dazu und lässt es ¾ Stunden schmoren. Unterdessen werden 8 bis 10 Lerchen recht schön gebraten, und ihnen dann, wenn sie gar sind, die Brust abgeschnitten, das Übrige im Mörser fein gestoßen und zu dem Fleische getan, damit es auch noch recht tüchtig mit dämpft. Ebenso wird ein kleines Zweipfennig-Milchbrot in feine Scheibchen geschnitten und so lange noch mit gedämpft, bis es ganz blass gelb ist.

Dann füllt man gute Fleischbrühe darauf, lässt es eine gute Stunde kochen, und gießt es durch ein Haarsieb in die Terrine, worein man geröstetes Milchbrot und die Lerchenbrüste legt. Auf diese Weise kann man von jeder Art Vögel eine Suppe bereiten. Selbst von Sperlingen schmeckt sie sehr gut; nur muss man daraus sehen, sie jung aus den Nestern zu bekommen, weil da das Brustfleisch noch zart ist.

10. Suppe von Kälbermilch. Man schwitzt einen Esslöffel voll feines Mehl mit einem Stücke Butter etwas an, dann hackt man drei Paar Kälbermilch, nachdem man sie vorher etwas in kochendem Wasser verwellt und von allen Häuten und Adern gehörig gereiniget hat, recht fein, gibt sie zu dem Mehl und der Butter, schwitzt sie noch eine Viertelstunde mit, und gießt dann 1½ Quart kochender Fleischbrühe dazu, lässt sie gut durchkochen, und gibt sie über in Butter gebratenes Milchbrot in die Terrine.

11. Suppe mit eingelaufenen Gliedern. Man quirlt 4 Eier mit 3 Löffeln Mehl und etwas Salz recht tüchtig durch einander; dann wird es in den kochenden Bouillon über den Quirl ganz langsam gegossen, gerade an der Stelle, wo die Brühe kocht. Wenn es ein Mal in die Höhe gestiegen ist, kann es auch schon zu Tische gebracht werden.

12. Suppe von Eiergerste. Man quirlt 3 Eier mit einem gehäuften Tassenkopf geriebenen Milchbrotes durch, salzt es gehörig und gießt dann ungefähr 1 Quart kochenden Bouillon darauf, wobei aber immer gequirlt werden muss; darauf lässt man es eine Viertelstunde kochen und gibt es dann zu Tische.

13. Suppe mit Plinzen. Man verfertiget dazu den Bouillon wie in Nr. 1 gezeigt worden ist. Dann bäckt man von 4 Eiern, 3 Löffel voll Mehl und so viel Milch, als dazu nötig ist, ganz dünne Plinzen, ungefähr so dick wie starkes Papier, rollt sie zusammen und schneidet fingerbreite Streifen oder Nudeln davon, schüttelt sie locker in die kochende Brühe und lässt sie noch eine Viertelstunde kochen.

14. Suppe mit Semmelklößchen. Ein Viertelpfund Butter wird zu Sahne gerieben, nach und nach das Gelbe von 6 Eiern und zuletzt der Schnee davon dazu gerührt; dann gibt man so viel geriebenes Milchbrot dazu, dass sich der Teig nur gerade zu kleinen runden Klößchen formieren lässt, und dann, nachdem sie gesalzen sind, legt man sie in die kochende Brühe. Wenn sie in die Höhe steigen, zieht man sie vom Feuer zurück, lässt sie aber noch eine gute Zeit wohl zugedeckt stehen, indem sie dadurch recht leicht und locker werden. Wer das Süße liebt, kann ein ganz klein wenig Zitronenschale auf Zucker abreiben, und dann noch so viel Zucker, als beliebig ist, dazu tun.

15. Suppe mit Schwemmklößchen. Nachdem man 3 Eier mit noch einmal so viel Milch und ungefähr 6 Löffel voll vom feinsten Mehl recht gut durchgerührt hat, lässt man 4 Loth Butter schmelzen, wenn es sein kann, in einer wohl verzinnten Kasserolle, rührt das Eiermehl dazu und lässt es auf Kohlen unter beständigem Umrühren zu einem dicken, ganz steifen Teige kochen. Dann muss es ganz erkalten, wo man dann noch 3 Eier, wovon das Weiße zu Schnee geschlagen wird, etwas Zucker und Zitronenschale dazu rührt, die Klößchen mit einem Löffel in kochende Brühe legt und, so wie sie in die Höhe kommen, sogleich zu Tische bringt.

16. Suppe mit Fleischklößchen. Man hackt 1 Pfund Rindfleisch, welches man von allen Sehnen und Häuten befreit hat, mit ¼ Pfund Nierenfett recht fein (besser ist es, wenn das Fleisch vorher mit einem blechernen Löffel geschabt worden); dann werden 4 Eier mit 4 Löffeln voll Sahne und ungefähr 4 guter Hände voll geriebenen Milchbrots zu dem Fleische gerührt, gehörig gesalzen und dann kleine runde Klößchen gemacht, wovon man erst eins zur Probe in die kochende Brühe legt, um es, wenn es etwa zu fest ist, noch mit einem Ei zu verdünnen, oder im entgegengesetzten Falle mit etwas geriebener Semmel nachzuhelfen. Diese Klößchen kann man in Wasser kochen, auch die ausgeschabten Sehnen und Häute dazu werfen, wenn man die Klöße wieder gehörig davon absondert. Auch in dünner Erbssuppe sind sie anzuwenden.

17. Suppe mit Fischklößchen. Einen Karpfen oder Blei schuppt und putzt man ganz rein, schneidet das Fleisch von den Gräten so gut wie möglich ab und hackt es ganz fein. Dann gibt man 4 Loth geschmolzener Butter, 3 Eier, eine halbe Tasse laue Milch und so viel geriebene

Semmel, als nötig ist, dazu, salzt es und macht kleine runde Klößchen davon. Sollten sie in der Dicke nicht recht sein, so hilft man auf die obige Weise nach, legt sie in kochende Brühe und lässt sie eine Viertelstunde kochen.

18. Suppe mit Grießklößchen. Man reibt ¼ Pfund Butter zu Sahne und tut nach und nach das Gelbe von 6 Eiern dazu. Dann tut man ½ Pfund ganz feinen Grieß dazu, und zuletzt den Schnee von den 6 Eiern, salzt es gehörig und legt kleine runde Klößchen davon in kochende Brühe. Diese Klöße müssen eine Stunde kochen.

19. Suppe mit abgestochenen Eiern. Man quirlt 6 Eier mit ¼ Quart Milch und etwas Salz gehörig durch. Wenn dieses geschehen ist, so stellt man den Topf mit dieser Masse in eine Kasserolle, worin kochendes Wasser ist, und lässt es so lange fort kochen, bis diese Eier so fest find, dass man mit einem Löffel Klößchen in den Bouillon stechen kann. Letzterer muss schon in der Terrine sein, denn wenn man die Klöße zuerst hinein legt und die Brühe darauf gießt, so zergehen sie.

20. Suppe von klarem Bouillon. Wenn der nach Nr. 1 bereitete Bouillon gekocht hat, werden Semmelscheiben recht schön hellgelb geröstet, ebenso vorher verlorne Eier bereitet, und dann für jeden der Gäste 1 Ei und 1 Semmelscheibe gegeben.

21. Suppe mit Kartoffelklößchen. Man rührt 4 Loth Butter zu Sahne, tut von 6 Eiern das Gelbe dazu, und ungefähr 1 Esslöffel weißes Mehl und 6 Löffel voll kalt geriebener Kartoffeln, schlägt das Weiße der 6 Eier zu Schnee, salzt es und legt es dann in kochende Brühe. Man muss auch proben, ob sie in der Dicke gut sind und nicht zerfahren, wo dann mit Eiern oder Mehl nachgeholfen werden kann. Diese Klöße dürfen nur sehr kurze Zeit kochen.

22. Suppe mit Butterklößchen. Man rührt ¼ Pfund Butter zu Sahne, schlägt 2 ganze und das Gelbe von 2 Eiern dazu, rührt so viel Mehl hinein, dass man gerade mit einem Löffel, der vorher in kochende Brühe getaucht worden, kleine Klößchen in den Bouillon legen kaum. Der

Teig darf nicht zu weich sein, damit sie nicht zerfahren; deshalb ist es gut, wenn man sie vorher probt.

23. Suppe von Hafergrütze. Man rechnet in der Regel auf 1 Quart Suppe einen halben Tassenkopf Hafergrütze. Diese quirlt man mit kaltem Wasser einige Mal durch, und dann gießt man kochendes Wasser noch 2 Mal darauf, womit man sie gleichfalls noch recht schön abspült, damit sie sich recht weiß und klar kocht. Wenn sie sich nun ganz weich und sämig gekocht hat, treibt man sie durch ein Haarsieb und gießt auch wohl noch kochendes Wasser zu, damit sich alles sämige völlig heraus zieht. Dann gießt man diesen Haferschleim wieder in den Suppentopf, gibt ein Stück Butter, etwas Salz, ein wenig Zitronenschale, Zucker und gereinigte kleine Rosinen dazu, lässt ihn noch gehörig durchkochen, und richtet ihn über würflicht geschnittener und in Butter gebratener Semmel an.

24. Suppe von Weißbier. Man nimmt 1 Esslöffel voll Kartoffelmehl und rührt es mit etwas Weißbier dünn. Das übrige Bier (nämlich von einem Quart) setzt man mit Zucker und ein wenig Zitronenschale auf das Feuer. Wenn es kocht, so wird das verdünnte Kartoffelmehl dazu getan und so lange gekocht, bis es gar ist, und dann über in Butter gebratenem Milchbrot angerichtet.

25. Suppe von Reisgrieß. Auf 1 Quart Weißbier nimmt man 4 Loth Reisgrieß, behandelt ihn ebenso, wie das Kartoffelmehl, nur dass der Gries länger kochen muss. Auch lässt man ein Stückchen Butter, Salz und Zucker mitkochen und zieht zuletzt die Suppe mit ein paar Eiern ab.

26. Suppe von Weißbier mit Sago. Man kann zu 1 Quart Bier ungefähr 4 Loth Sago nehmen. Derselbe wird in kaltem Wasser abgewaschen, dann ein paar Mal mit kochendem Wasser nachgebrüht und wieder kalt recht tüchtig mit der Hand durchgewaschen, welches man am bequemsten in einem Durchschlage tut, den man in das Wasser hält. Wenn dieses geschehen ist, so setzt man ihn mit kochendem Weißbier, Zucker und nur einem kleinen Streifchen Zitronenschale zum Feuer und lässt ihn ganz langsam aufkochen. Sollte er zu dick werden, so kann man immer noch abgekochtes Bier dazu gießen. Wenn man den Sago mit Wein kochen will, so verfährt man ebenso damit, nur dass man ihn erst in Wasser ausquellen lässt und dann den Wein dazu tut.

27. Suppe von Weißbier mit Eiern. Man kocht 1 Quart Weißbier mit Zucker und etwas Zitronenschale auf, legiert es mit dem Gelben von 3 Eiern, 1 Teelöffel voll Mehl und einem halben Tassenkopf kaltes Weißbier. Dann setzt man es noch einmal auf schwaches Kohlenfeuer, lässt es unter beständigem Umrühren ziehen und richtet es über gerösteten oder in Butter gebratenen Milchbroten an. Man kann auch Zwiebäcke dazu nehmen.

28. Milchsuppe mit Klößchen. Man kocht die Milch mit Zucker auf, tut von dem in Nr. 22 beschriebenen Teige kleine Klößchen in dieselbe, lässt sie aber ja nicht zu lange kochen, und bringt sie sogleich nach dem Anrichten zu Tische.

29. Milchsuppe mit Plinzen. Man macht von 3 Eiern, 3 Löffeln voll Mehl, etwas Zucker, einer Prise Salz und Milch, so viel als nötig ist, Plinzen. Nachdem sie alle gebacken, werden sie in feine Streifchen geschnitten und in die kochende Milch getan, wo sie nur ein paar Mal aufkochen dürfen.

31. Milchsuppe mit Schneeklößchen. Man kocht 1 Quart Milch mit Zucker auf. Unterdessen schlägt man von 6 Eiern das Weiße zu steifem Schnee, legt denselben löffelweise in die kochende Milch, kehrt ihn mit einem Schaumlöffel um und legt ihn dann auf ein Sieb, damit er abläuft. Dann wird die kochende Milch, mit dem Gelben der 6 Eier legiert, in die Terrine getan, Schneeklöße darauf gelegt, dick mit Zucker bestreut und zu Tische gegeben. – Man kann jede Art von Klößchen und andern Dingen, als Nudeln, Reis, Grieß, Graupen, Sago etc. in Milch kochen und als Suppe zur Tafel geben.

31. Suppe von Bosdorfer Äpfeln. Man schält und schneidet die Äpfel in kleine Stückchen und setzt sie mit Wasser und etwas Zitronenschale zum Feuer, wo man sie ganz zerkochen lässt. Dann werden sie durch ein Haarsieb gestrichen, Zucker, kleine Rosinen, welche man gut gereinigt hat, dazu getan und noch so lange gekocht, bis letztere weich sind. Alsdann wird zu 1 Quart solcher Suppe 1 Tassenkopf voll Wein, 1 Teelöffel Kartoffelmehl und das Gelbe von 3 Eiern durchgequirlt und die Suppe damit legiert. So lässt man sie noch ein wenig aufkochen, welches jedoch unter beständigem Umrühren geschehen muss, und richtet sie dann in die Terrine an. Man kann den Wein und die Rosinen auch ganz weglassen, wenn es der Arzt verbietet. Auch kalt schmeckt diese Suppe sehr gut, wenn man sie mit Biskuitplätzchen garniert.

32. Suppe von Kirschen. Dazu kann man frische und trockne Kirschen nehmen, nur müssen es süße schwarze Kirschen, durchaus keine sauren sein. Diese werden mit Wasser und etwas Zitronenschale ganz weich gekocht, durch ein Haarsieb gestrichen und dann wieder zum Kochen gebracht, wo man erst Zucker nach Belieben dazu tut. Auf 1 Quart Wasser nimmt man ½ Netze Kirschen und einen schwachen Löffel voll Kartoffelmehl, welches man, wenn es der Arzt erlaubt, mit Wein abrühren kann.

33. Suppe von Pflaumen. Eine halbe Metze frischer Pflaumen werden so lange in kochendes Wasser gelegt, bis die Haut bequem abgeht. Die Steine werden dann heraus gedrückt und die Pflaumen in einen Topf getan. Zu ½ Metze Pflaumen werden 2 Quart Wasser gegossen, etwas Zitronenschale und Zucker nach Gutdünken dazu gegeben und nun so weich gekocht, dass man sie ganz fein zerquirlen kann. Dann wird etwas Kartoffelmehl, mit Wein oder Wasser abgezogen, dazu getan und über geröstetem Milchbrot oder Zwieback angerichtet. Man kann diese Suppe kalt eben so gut als warm geben.

34. Suppe von Aprikosen. Zu 1 Quart Wasser nimmt man 15 Stück Aprikosen, schneidet dieselben auf, dass die Steine heraus kommen, bringt sie nun mit dem gehörigen Zucker und etwas Zitronenschale zum Feuer und lässt sie ganz zu Mus kochen. Dann werden sie durch ein Haarsieb gestrichen und mit 1 Tassenkopf Wein oder Wasser und einem halben Esslöffel Kartoffelmehl abgequirlt zur Suppe getan. Nun lässt man sie noch etwas aufkochen, und so werden sie warm ober kalt mit Zwieback oder Biskuit garniert zur Tafel gegeben.

Zweiter Abschnitt

Von der Zubereitung der Saucen

35. Weiße Sardellensauce. Man nimmt zu einem Quart Sauce 12 Loth Sardellen. Diese werden fein gewiegt und in einem Stück geschmolzener Butter etwas durchgeschwitzt; dann ungefähr 3 gute Löffel voll Mehl hinzugetan und noch etwas mitgedämpft, jedoch so, dass es nicht gelb wird; sodann wird der Bouillon dazu gerührt, und eine Viertelstunde gekocht. Sollte die Sauce zu dick, oder zu dünn sein, welches immer auf das Mehl ankommt, ob es nämlich sehr frisch und feucht oder trocken ist, so kann noch nachgeholfen, und etwas Zitronenschale, und wenn es gefällig und erlaubt ist, ein wenig Wein hinzu genommen werden. Die Sauce wird zuletzt durch ein Haarsieb gestrichen und zu Rindfleisch u. dgl. gegeben. Mit Eiern legiert sieht sie noch schöner aus.

36. Braune Sardellensauce. Bei dieser bleibt es in Ansehung der Quantität ganz dasselbe, nur dass die Sardellen, von allen Gräten gereinigt, gehackt werden. Das Mehl wird in der Butter ganz dunkelgelb gemacht, dann die Sardellen noch mit durchgeschwitzt, mit Bouillon aufgefüllt, kocht man sie eine Viertelstunde lang. Wenn es der Arzt erlaubt, so kann etwas Wein und Zitronenschale dazu genommen werden; die Eier bleiben jedoch fort.

37. Holländische Sauce. Ein Viertelpfund Butter reibt man mit 8 Eidottern und 2 Löffeln voll Mehl zu Sahne, dann setzt man 2–3 Esslöffel kaltes, und, wenn es der Arzt erlaubt, 2 Tassenköpfe Wein, nebst etwas Zitronenschale, und 3–4 Tassen kochendes Wasser, so wie 4 Loth Zucker hinzu, und kocht sie unter beständigem Umrühren so lange, bis das Mehl nicht mehr roh schmeckt. Man wendet diese Sauce zu allem, wozu sie passt, an.

38. Frikasseesauce. Es werden 4 Löffel voll Mehl mit etwas kaltem Wasser klar gerührt, das Gelbe von 8 Eiern dazu geschlagen, mit kochender Brühe zu einer sämigen Sauce gerührt, und über gelindem Feuer gekocht. Diese Sauce kann zu jedem Frikassee, zu Blumenkohl und zu allen Speisen, welche dergleichen erfordern, gegeben werden.

39. Morchelnsauce. Um die Morcheln zu reinigen, schneide man das an der Wurzel befindliche Raue und Sandige ab, und sie selbst zweimal durch, durchsuche genau, ob auch keine Würmer darin sind, und wasche sie nun so oft und so viel als möglich. Dann werden sie auf das Feuer gesetzt und gut verwellt, worauf sie in einen Durchschlag getan und noch einigemal mit kaltem Wasser nachgespült werden, um allen Sand zu entfernen. Auf diese Weise vollkommen gereinigt, hacke man sie recht fein, mache braunes Mehl, gebe die Morcheln dazu und koche es, mit gutem Bouillon aufgefüllt, zu einer sämigen Sauce, welche zu allen Fleischarten gut schmeckt.

40. Sahnesauce. Man reibe 4 Loth Butter ab, gebe 4 Eidotter, einen gehäuften Löffel Mehl, etwas kaltes Wasser und ein wenig Zitronenschale auf Zucker abgerieben hinzu. Nun rührt man so viel süße, kochende Sahne dazu, dass die Sauce schön sämig wird, und lässt sie unter beständigem Umrühren gar werden.

41. Milchsauce. Man lässt 1 Quart Milch mit dem gehörigen Zucker und einer Zitronenschale etwas einkochen. Unterdessen quirlt man 9 Eidotter mit einem Teelöffel Mehl und einem Esslöffel kaltem Wasser recht glatt, gießt die kochende Milch hinzu, lässt es unter beständigem Umrühren noch etwas ziehen, und gibt diese Sauce zu Mehlspeisen und Puddings.

42. Rosinensauce. In einem Stückchen Butter brennt man einige Löffel Mehl ganz dunkelbraun; auch brennt man in einem Blechlöffel Zucker, so viel als nötig ist. Unterdessen setzt man große Rosinen, auf 1 Quart Bouillon ein halbes Pfund, mit gutem fetten Bouillon zum Feuer, gibt eine Zitronenschale dazu, und lässt die Rosinen ausquellen, dann wird das braune Mehl und der Zucker dazu getan, recht glatt abgerührt, noch etwas durchgekocht und zum beliebigen Gebrauch verwendet. Statt des gebrannten Zuckers kann man auch Sirup oder Pfefferkuchen ohne Gewürz anwenden.

43. Gurkensauce. Man lässt in einer Kasserolle ein Stück recht frische Butter schmelzen, gibt 2 oder 3 Löffel voll Mehl und 1 große oder 2 kleine Gurken, welche eben so wie zum Salat geschnitten worden, dazu, schwitzt dieses gehörig weich, und füllt es dann mit gutem Bouillon auf, so dass es eine dicke Sauce wird. Man lässt es noch so lange kochen, bis die Gurken ganz weich sind, und schlägt sie dann durch ein Sieb. Diese Sauce schmeckt zu Rindsfleisch sehr gut.

44. Kirschsauce. Man gießt auf 1 Metze süßer schwarzer Kirschen 1 gutes Quart Wasser und lässt sie mit 1 Zitronenschale ganz zu Brei kochen. Dann nimmt man einen starken Quirl und bearbeitet die Kirschen so lange damit, bis sie von den Steinen los sind. Nun werden sie durch einen Durchschlag gestrichen, noch einmal zum Feuer gesetzt, mit 1 kleinen Esslöffel voll Kartoffelmehl, (wenn es erlaubt ist) mit Wein, außerdem mit frischem Wasser abgerührt; Zucker nimmt man nach Belieben. Nachdem die Sauce noch etwas gekocht hat, kann sie zu jedem beliebigen Gebrauche verwendet werden.

45. Himbeersauce. Man presst die zur Sauce bestimmten Himbeeren in einem Tuche aus und lässt den Saft mit Zucker auf Kohlenfeuer kochen, rührt ebenfalls Kartoffelmehl, nach der Menge der Sauce, zu einem Quart einen halben Esslöffel mit Wein oder Wasser dazu und lässt es noch so lange ziehen, bis das Mehl ausgequollen ist.

46. Apfelsauce. Man kocht drei Viertelmetzen mit der Schale klein geschnittener Äpfel mit einem Quart Wasser weich, quirlt sie und streicht sie dann durch ein Haarsieb, worauf man sie mit auf Zucker abgeriebener Zitronenschale und einer hinreichenden Menge Zucker wieder auf Kohlen setzt, Kartoffelmehl, wie bei den vorhergehenden Saucen gezeigt worden, dazu tut und sie nun vollends gar kocht.

47. Hagebuttensauce. Man kocht eine halbe Viertelmetze Hagebutten ganz weich und streicht sie durch ein Haarsieb. Dann brüht man ein halbes Pfund Pflaumenmus ohne Gewürz mit kochendem Wasser an, lässt es am Feuer etwas aufstoßen und schlägt es gleichfalls durch. Nun gibt man beide Saucen zusammen in einen Topf, tut Zucker, etwas Zitronenschale und zuletzt das in Wein abgerührte Kartoffelmehl dazu und lässt es noch mit einander aufkochen. Diese Sauce schmeckt zu Puddings äußerst angenehm.

Anmerkung. Man hat so viele schöne Saucen von Obst und dergleichen, welche alle bekannt sind, und ich bemerke nur, das man diejenigen, welche ohne Würze, Kräuter, Zwiebeln und jede Art von Säuren gemacht werden können, anwenden kann.

Dritter Abschnitt

Von der Zubereitung des Fleisches

48. Rindfleisch zu kochen. Da ich in diesem kleinen Werke nicht zu weitläufig werden will und auch überzeugt bin, dass jeder, der sich dessen bedient, gewiss Rindfleisch zu kochen versteht, so bemerke ich nur, dass gerade das Rindfleisch als der Gesundheit am zuträglichsten empfohlen wird, und nicht allein zu den Saucen, sondern auch, wie gewöhnlich in Privathaushaltungen, zu jedem Gemüse gegessen werden kann. Bei dem Bouillon Nr. 1 habe ich bereits die Quantität des Wassers, so wie die Länge der Zeit zum Kochen des Fleisches bestimmt, und bemerke nur noch, dass ein dickes Schwanz- oder Lendenstück, von einem nicht zu alten Ochsen, sondern schön durchwachsen, für Homöopathen am geeignetsten ist, da Bruststücke schon zu fett sind. Um den Bouillon recht kräftig zu machen, muss man einige Knochen mitkochen, da die schönen Tafelstücke in der Regel allein nicht so gute Brühe geben. Die Knochen können immer zweimal mitgekocht werden.

49. Schmorfleisch. Hierzu nimmt man am besten ein schönes dickes Stück aus der Keule, schneidet die Knochen heraus, legt es mit einigen Mohrrüben, Zuckerwurzeln, einigen abgeschälten Kartoffeln und der Rinde von schwarzem Brote, so wie einem Stückchen Zitronenschale auf ein hölzernes Kreuz in den Schmortopf, gießt Wasser ober Bier darauf (braunes Bier, welches nicht zu bitter ist, macht es sehr wohlschmeckend); dann salzt man es, doch nicht zu stark, da es durch das lange Schmoren ohnehin sehr kräftig schmeckt, und lässt es, recht gut verdeckt, auf gelindem Feuer wenigstens 6 Stunden kochen. Eine halbe Stunde vor dem Anrichten nimmt man es heraus, streicht die Sauce durch ein Haarsieb, brennt 1 oder 2 Löffel Zucker braun, und gibt diesen dazu, so wie ein wenig braunes Mehl, im Fall die Sauce nicht sämig genug sein sollte; oft ist es nicht nötig, da die Wurzeln und das Brot, so wie ein recht gleiches Feuer beim Kochen, dieselbe gewöhnlich hinreichend sämig machen.

50. Rinderbraten. Hierzu nimmt man ein Rippenstück mit dem Mehrbraten, klopft und legt es, wenn man dasselbe rein abgewaschen hat, in eine Bratpfanne, falzt das Fleisch gehörig und setzt es in einen wohl ausgeheizten Ofen. Man muss den Braten recht fleißig begießen, auch darf man nicht im Anfang zu viel Wasser aufgießen, um zuletzt noch etwas nachgießen zu können. Wenn der Braten gar ist, rührt man etwas braunes Mehl, welches aber trocken braun gebrannt ist, da die Sauce gewöhnlich sehr fett ist, zu dieser, und lässt es noch ein wenig durchbraten. Kleine Kartoffeln, in einer eisernen Pfanne mit etwas Butter gelb gebraten, werden als Garnierung dazu gegeben.

51. Rindfleisch zu grillieren. Gekochtes Rindfleisch schneidet man in Scheiben, wälzt es in Eiern und Semmel, lässt Butter in einer Pfanne heiß werden, legt die Scheiben hinein, und lässt sie auf beiden Seiten, jedoch nicht zu hart, braten. Dieses Rindfleisch kann man zum Gemüse oder mit einer braunen Sardellensauce geben.

52. Rindfleisch mit einer Kruste. Man kocht ein schönes fettes Riemstück auf die gewöhnliche Weise. Wenn es gar ist, nimmt man es aus der Brühe, lässt es ablaufen, bestreicht es mit geklopftem Ei und bestreuet es dick mit geriebener Semmel, legt es auf eine Bratpfanne und lässt es im Ofen gelb werden. Dann gibt man eine beliebige Sauce dazu. Zu bemerken ist, dass man an der Seite, wo das Fett sitzt, vor dem Bestreichen mit Ei und Bestreuen mit Semmel, das feine Häutchen abschneidet, und in der Bratpfanne diese nach oben kehrt, damit sie schön gelb werde.

53. Filet. Dieses wird von allen Häuten und Sehnen befreit. Das davon abgelöste Fett wird in kleine Streifen, denen des Specks ähnlich, geschnitten und, nachdem man es gesalzen hat, das ganze Filet damit gespickt, noch etwas Butter darauf gelegt und in einer Bratpfanne mit nur wenig Wasser, in einem gut ausgeheizten Ofen unter öfterem Begießen längstens in 2 Stunden ausgebraten. Man garniert dieses mit kleinen gebratenen Kartoffeln, welche man mit der eigenen oder einer besonders dazu bereiteten Sardellensauce zu Tische gibt.

54. Beefsteaks. Man schneidet aus dem von allen Häuten befreiten Filet zwei Finger dicke Scheiben, die man mit einem Messer oder hölzernen Schlägel so lange klopft, bis sie nur noch halb so dick sind. Etwas gesalzen legt man sie auf eine eiserne Pfanne, worin Butter gelbbraun gemacht worden ist, lässt sie unter öfterem Umwenden von einer Seite zur andern 5, höchstens 7 Minuten braten, und bringt sie sogleich mit gebratenen Kartoffeln zu Tische.

55. Klops. Man schabt 2 Pfund Rindfleisch von der Oberschale mit einem Messer recht fein, gibt 4 Esslöffel voll geschmolzener Butter, für 4 Pfennige geriebenes Milchbrot und 4 Eier nebst Salz dazu. Dieses alles rührt man recht gut durcheinander und macht kleine runde Klopse davon, die man etwas breit drückt und mit dem Messer bunt macht. Dann wird in einer flachen Kasserolle ¼ Pfund Butter mit eben so viel fein gehackten und vorher gut ausgewässerten Sardellen und ungefähr 3 Tassenköpfe voll Bouillon auf ein Kohlenfeuer gesetzt, und die Klopse darin 20 Minuten lang, wohl zugedeckt und einmal umgewendet, gekocht. Sollte die Sauce sich zu sehr verkochen, so kann immer noch etwas Bouillon zugegossen werden.

56. Ochsenzungen. Man kocht die Ochsenzunge recht weich, zieht die Haut ab und schneidet sie der Länge nach durch, macht eine Sardellen- oder Rosinensauce dazu, legt die Zunge hinein, lässt sie noch etwas darin ziehen und gibt sie als Mittelspeise zur Tafel. Man kann sie auch in Scheiben schneiden und mit länglich geschnittenen süßen Mandeln bestreuen. In Scheiben geschnitten und grilliert gibt es eine schöne Beilage zu Gemüsen.

57. Geschmorte Kalbskeule. Man setzt die Kalbskeule mit kaltem Wasser auf das Feuer und lässt sie so lange darauf, bis sie von allen Seiten anfängt, Bläschen zu schlagen. Dann lässt man sie ein klein wenig ziehn, jedoch nicht kochen; darauf nimmt man sie vom Feuer, lässt sie noch etwas stehn, legt sie dann in kaltes Wasser, wäscht und putzt sie gehörig, und trocknet sie mit Löschpapier rein ab. Dann legt man sie auf einem hölzernen Kreuze in einen Schmortopf, gibt ein tüchtiges Stück Butter, einige Mohrrüben, etwas Zitronenschale, und zuletzt Wasser oder Weißbier dazu. Auch kann man, wenn es der Arzt erlaubt, halb Wein, halb Wasser darauf gießen, lässt es schön dunkelgelb und kurz einschmoren, sieht sich aber ja vor, dass es nicht anbrennt. Man kann etwas Zucker braun machen und die Sauce damit färben.

58. Geschmorte Kalbskeule auf eine andere Art. Man bereitet die Kalbskeule, wie eben gezeigt worden, setzt sie aber nur, nachdem sie etwas gesalzen, mit Butter in einem Schmortopfe auf und lässt sie in ihrer eigenen Sauce gar werden, jedoch nicht braun. Dann macht man eine recht schöne weiße Sardellensauce dazu, legt die Keule, welche vorher aus dem Topfe genommen wird, damit sie ganz trocken abgelaufen ist, auf eine etwas tiefe Schüssel, und siebt die Sauce darüber.

59. Frikassee von Kalbfleisch. Von einem recht schönen Kalbe nimmt man die Brust, haut solche in mittelmäßig große Stücke und blanchiert sie nach Nr. 57. Nun setzt man sie mit einem Stücke Butter, dem gehörigen Salz und kochendem Wasser in einer Kasserolle aus das Feuer und lässt sie gar kochen. Dann nimmt man das Fleisch aus der Brühe, lässt dieselbe durch ein Haarsieb laufen und setzt es wieder auf das Feuer, macht nun Semmelklößchen, welche bei der Suppe Nr. 14 beschrieben sind, und kocht sie darin gar. Nun werden mehrere Eidotter mit 1 Löffel voll Mehl, und wenn es erlaubt ist, etwas Wein, Zucker und ein wenig abgeriebene Zitronenschale mit einander abgequirlt und die Brühe nach und nach dazu gegossen. Jetzt lässt man es noch etwas ziehn und gießt es dann über das Fleisch und die Klößchen, welche man auf einer Schüssel rangiert hat. Eine Hauptsache ist, dass man nie zu viel salzt, indem es nicht nur ungesund ist, sondern auch feine Speisen verdirbt. Auch mit Sardellen kann man diese Sauce noch recht angenehm machen, indem ihr dadurch das Weichliche benommen wird. Jede Art Frikassee, als von Suppenhühnern, jungen Hühnern und Tauben kann man auf eben diese Art machen.

60. Kalbfleisch mit kleinen Rosinen. Man bereitet das Kalbfleisch wie oben, und wenn es gar ist, wird Mehl in etwas Butter ganz weiß geschwitzt, die Brühe damit sämig gemacht, und unterdessen kleine Rosinen nach Verhältnis zu dem Fleische recht fein verlesen und gewaschen, dieselben in Wasser erweicht und dann zu der Sauce gegeben. Viel Rosinen muss man immer nehmen, indem es sonst schlecht aussieht, wenn die Sauce nicht dick davon ist. Etwas Wein und Zitronenschale macht es gut, doch kann es auch wegbleiben.

61. Kalbskoteletten. Man nimmt zu diesen Koteletten ein Stück aus der dicken Rippe, schabt das Fleisch ganz sauber von den Knochen herunter, befreit es von allen Häuten und Sehnen und klopft es mit dem Rücken eines großen Messers von allen Seiten, kreuz und quer, recht mürbe. Die Knochen müssen recht zierlich abgehauen werden, damit sie nur eines Fingers lang sind. Dann wendet man sie in mit etwas Salz zerschlagenen Eiern um, bestreut sie mit geriebenen Semmel, und bratet sie in geschmolzener Butter unter beständigem Begießen schön hellbraun und ja nicht hart. Diese Koteletten kann man zur Garnierung von Gemüsen mit einer Sardellensauce, und auch zu Kompotts geben.

62. Fricandeaux. Man schneidet aus der Keule 2 Finger dicke Scheiben und klopft sie mit einem breiten Holze etwas. Dann wird Butter in einer Kasserolle geschmolzen und diese Fleischscheiben ganz gelb darin gedämpft. Wenn dieses geschehen ist, wird die Butter ganz davon abgegossen, ein paar große Löffel voll recht starker Bouillon und ein Glas Madera darauf gegossen und so zum Kochen gebracht. Einige gut ausgewaschene und ausgegrätete Sardellen, etwas Zitronenschale, 1 Löffel voll geriebenes Roggenbrot, und wenn die Sauce noch nicht sämig genug sein sollte, auch etwas braun geschwitztes Mehl werden dazu getan. Wenn alles gehörig durchgekocht ist, legt man die Fricandeaux auf eine Schüssel und gibt die Sauce darüber. Im Falle der Wein nicht erlaubt ist, sind sie auch ohne diesen gut. Wer es darf, kann auch ganz fein gewiegte Trüffeln dazu tun.

63. Fricandeaux auf eine andere Art. Die Fricandeaux werden auf die nämliche Art bereitet und in Butter gar gedämpft, zuletzt mit dicker Sahne aufgefüllt, noch ein wenig geschwitzt und dann zu Tische gebracht.

64. Hachee. Hierzu nimmt man die Bratenreste und hackt solche fein, lässt ein Stück Butter in einer Kasserolle heiß werden und schwitzt das Gehackte mit ein paar Hände voll geriebenen Milchbrots etwas durch, füllt dann guten Bouillon und zuletzt etwas guten Wein dazu, lässt es noch ein wenig kochen und garniert verlorne Eier darauf, welche jedoch nicht hart sein dürfen.

65. Croquets von Kälbermilch. Man nimmt 3 Stücke Kalbsmilch, blanchiert und häutet sie ganz rein ab; dann werden sie in ganz feine Würfel geschnitten. Unterdessen schwitzt man einige Löffel voll Mehl in Butter ganz weiß-gelb, gibt die Kalbsmilch nebst fein gehackten und vorher ganz weich gekochten Morcheln, auch, wenn es erlaubt ist, etwas frische oder in feinem Öl eingemachte Champignons dazu, gießt recht guten Bouillon darauf und lässt es ganz kurz kochen, legiert es mit dem Gelben von einigen Eiern und lässt es ganz kalt werden. Nun formiert man kleine runde Würstchen davon, wendet sie in Ei und Semmel um und bäckt sie in heißer Schmelzbutter aus. Man kann Gemüse damit garnieren, oder sie auch gleich nach dem Rindfleische geben. Frische Leber, Gaumen vom Kalbskopf u. dgl. kann dazu getan werden.

Vierter Abschnitt

Von der Zubereitung der Fische

66. Zander. Wenn der Zander ganz auf den Tisch kommen soll, so muss man denselben, wenn er groß ist, in einem Fischkessel mit einem Einsatz kochen oder mit weißem Band, welches in geschmolzener Butter fett gemacht worden ist, umwickeln. So wird er in den Kessel oder in die Kasserolle gelegt, gehörig Salz und ein gut Stück Butter dazu getan, und der Fisch so gar gekocht; jedoch muss man Acht geben, dass er nicht zu lange oder zu langsam kocht, da das Fleisch sehr zart ist und leicht zerfällt. Wenn der Zander vom Feuer genommen wird, so gießt man etwas ganz kaltes Wasser darauf und lässt ihn noch ein wenig stehen, legt denselben dann auf eine Schüssel und gibt geschmolzene Butter oder eine holländische Sauce nach Nr. 37, welche mit der Fischbrühe gemacht wird, darüber. – Die kleineren Zander oder auch die in Stücke zerschnittenen werden eben so behandelt. Hauptsächlich hat man darauf zu sehen, dass der Fisch von der Brühe, in welcher er gekocht hat, recht rein abgelaufen ist, da sonst die Sauce schlecht aussieht. Dieses gilt bei allen Fischen, die mit einer Extra-Sauce oder mit Butter gegeben werden.

67. Schüssel-Hecht. Hierzu nimmt man gern einen mittelmäßig großen Hecht, da der ganz große immer trocken, der kleine aber nicht so gut dazu ist. Der Hecht wird recht rein geschuppt, auseinander gerissen und in kleine Stücke zerschnitten. Dann wird in einer zinnernen Schüssel ein gutes Teil Butter geschmolzen, ungefähr auf 2 Pfund Fisch ein Viertelpfund Butter, worunter man ein Viertelpfund gut gewaschener und gehackter Sardellen nebst etwas auf einem Stück Zucker abgeriebene Zitronenschale tut, und den Hecht nun, mit der Haut nach unten, auf die Schüssel rangiert und wohl zugedeckt schwitzen lässt. Wenn er so einige Zeit gedämpft hat, wendet man die Stückchen um, quirlt nun einen kleinen Löffel voll Mehl mit Wasser oder, wenn es erlaubt ist, mit Wein ab und gießt es zu dem Fisch, lässt ihn damit gar werden und gibt denselben mit der nämlichen Schüssel, welche man auf eine andere setzt, zu Tische. Wer keine zinnerne Schüssel hat, kann auch statt dieser eine recht flache Mehlspeisenform nehmen, nur muss der Deckel gut darauf passen.

68. Gebratener Hecht. Man nehme hierzu kleine Hechte, welche geschuppt, ausgenommen, recht rein gewaschen und dann in kochendem Wasser, welches gut gesalzen sein muss, etwas blanchiert werden. Dann nimmt man sie heraus, lässt sie rein ablaufen, wendet sie in Eiern und einer Mischung von halb Mehl, halb geriebenem Milchbrote um und bäckt sie in einer eisernen Pfanne in recht heißer Butter rasch aus. Sind die Fische alle gebraten, so schält man kleine Kartoffeln, welche während der Zeit abgekocht wurden, lässt sie in der Fischbutter etwas braten und garniert die Fische damit, worauf man sie zu Tische gibt.

69. Frikassee von Hechten. Wenn der Hecht gehörig geschuppt und gewaschen ist, so wird er am Rücken aufgeschnitten, doch so, dass die Gräten ganz bleiben. Man löst nun das Fleisch gut von denselben ab, schneidet drei Finger breite Stückchen davon und sieht sie noch recht sorgfältig durch, damit alle Gräten herauskommen. Nun setzt man den Fisch mit einem Stück Butter, fein gehackten Sardellen und etwas Wasser auf Kohlen und lässt ihn gar kochen, hierauf rührt man einen kleinen Löffel Mehl mit etwas Sahne ab, gibt es dazu und lässt es nur noch so lange auf dem Feuer, bis das Mehl verkocht ist und nicht mehr roh schmeckt. Dann erst werden mehrere Eidotter mit etwas kaltem Wasser gequirlt und die Fischsauce damit legiert, so dick, als eine gute Frikasseesauce sein muss. Man kann nun dazu nach Belieben kleine Fischklößchen nach Nr. 17 machen und den Fisch damit verlängern. Auch kann man sich, wenn vielleicht die Fische zu teuer sind, der gewöhnlichen Semmelklößchen nach Nr. 14 bedienen. Dieses Frikassee kann auch von andern Fischen bereitet werden.

70. Bouletten von Fischen. Dazu kann man übriggebliebene Fische nehmen, welche man recht fein hackt und mit süßer Sahne anfeuchtet, dann werden Eier dazu geschlagen und soviel geriebene Semmel hinzugetan, dass man runde Klöße davon machen kann, welche etwas breit gedrückt, mit dem Messer bunt gemacht und in heißer Butter schön dunkelgelb gebraten werden. Macht man die Bouletten von rohem Fischfleisch, so muss dasselbe, wenn es recht fein gehackt ist, zuvor in Butter weich gedämpft und dann erst zusammen gemacht werden.

71. Karpfen mit Bier. Der Karpfen wird rein gewaschen und nach Belieben abgeschuppt oder auch nicht. Hiernach wird in einen tiefen Teller etwas Wein getan, der Fisch unten am Halse quer eingeschnitten, bei dem Schwanz in die Höhe gehalten und mit dem Kopf in dem Teller, worin der Wein ist, so lange herumgezogen, bis er ausgeblutet hat. Nun wird er auf die gewöhnliche Weise zerlegt und in einer Kasserolle rangiert, die Kopfstücke und Eingeweide auf den Boden der Kasserolle und die übrigen Stücke darauf. Dann wird etwas Zitronenschale, ein Stückchen Rinde von schwarzem Brot, gehörig Salz und nun entweder halb Weiß-, halb Braunbier oder auch nur Weißbier allein darauf gegossen, so dass es übersteht, und auf recht raschem Feuer, welches immer, wenn der Fisch einmal kocht, nur an den Seiten herum brennen muss, gekocht. So wie er etwas verschäumt hat, tut man die Butter hinzu und ganz zuletzt den Wein mit dem Blute und einen Löffel voll auf Kohlen braun gebrannten Zucker. Die Sauce darf nicht lang, sondern muss sämig sein, dann schmeckt dieser Fisch eben so gut als jeder andere Bierfisch.

72. Gebratener Karpfen. Man nimmt hierzu einen großen schönen Karpfen, den man gehörig schuppt und abwäscht; dann wird er unter dem Halse so weit aufgeschnitten, dass man nur eben das Eingeweide herausnehmen kann. Dieses wird nun von der Galle gut gereinigt und recht fein gehackt, geriebene Semmel, welche in Butter gelb geröstet, und ein paar Eier dazu gerührt, gehörig gesalzen und der Fisch damit ausgefüllt und gut zugenäht. Nun legt man in eine Bratpfanne ein kleines Holzgitter und den Karpfen darauf, bedeckt ihn ganz mit Butter und setzt denselben so in einen wohl ausgeheizten Bratofen. Der Karpfen muss sehr fleißig begossen und umgewendet werden. Wenn derselbe anfängt, gelb zu werden, so bestreuet man ihn mit geriebener Semmel, und beträufelt ihn mit der eigenen Sauce, bis er gar ist. Man gibt Sardellensauce dazu, die aber mit der Fischsauce bereitet wird. Beim Vorlegen muss er der

Quere nach durchschnitten werden. Will man einen Hecht auf diese Art bereiten, so müssen hin und wieder Schnitte in die Haut gemacht oder, wenn es ein ganz großer Fisch ist, dieselbe ganz abgezogen werden.

73. Schleie. Diese können ganz auf die nämliche Art wie der Karpfen Nr. 71 und der gebratene Karpfen bereitet werden. Auch kann man statt der Sardellensauce ein wenig Mehl mit Sahne abrühren, die Bratensauce damit legieren und sie über den Fisch geben. Ebenso kann man die Füllung in dem Fisch ganz weglassen.

Anmerkung: Da den Homöopathen außer Aal und Lachs beinahe alle Fische erlaubt sind, so können sie auch alle bereitet werden, nur darf nichts von den verbotenen Ingredienzien, als Gewürz, Zwiebeln, Zitronensäure, Essig und Grünem dazu genommen werden, und hat daher jede der Küche vorstehende Person darauf zu sehen, dass auch ohne diese Zutaten der Fisch gut und schmackhaft bereitet wird.

Fünfter Abschnitt

Von der Zubereitung verschiedener Gemüse

74. Spargel. Wenn der Spargel recht rein von der äußern Haut befreit und abgeschabt ist, so wird er in beliebige Büschel gebunden und in eine Kasserolle mit kochendem und gehörig gesalzenem Wasser gelegt und gekocht, bis er weich ist. Ist der Spargel alt und hart, dann setzt man ihn nur mit kaltem Wasser auf, sonst verliert er die angenehme Süße. Wenn er weich ist, so nimmt man ihn aus dem Wasser, legt ihn in einer runden Schüssel rund herum, gibt mit einem Löffel nur ganz wenig von dem Spargel-Wasser darauf, bestreut ihn mit ein wenig Zucker und gibt geschmolzene Butter dazu. Mit holländischer Sauce nach Nr. 37 oder einer Sahnensauce wird er auch sehr häufig gegeben.

75. Spargel mit Mohrrüben. Hierzu nimmt man gewöhnlich den dünnen Spargel, reinigt ihn von der harten Haut, schneidet denselben in kleine Stücke und setzt ihn mit Wasser, einem kleinen Stückchen Butter und etwas Zucker sowie einer Prise Salz zum Feuer und lässt ihn weich kochen. Während dessen kocht man die Mohrrüben. Man schneidet dieselben in kleine Streifen oder, wenn es ganz junge sind, nur in vier Teile, setzt Butter, Wasser und Zucker in einer Kasserolle auf das Feuer und, wenn es kocht, wirft man die Mohrrüben hinein und lässt sie zugedeckt gar kochen. Wenn dieses geschehen und der Spargel auch weich ist, so gibt man denselben zu den Mohrrüben, schüttelt alles gehörig durcheinander, tut geriebene Semmel, so viel als nötig ist, daran und lässt es miteinander kochen, bis die Semmel zerteilt ist. Man kann gebratene Hühner, Koteletten oder Bouletten dazu geben.

76. Spargel mit Kalbfleisch. Man nimmt von einer Kalbsbrust eben solche Stücke wie zu einem Frikassee, setzt sie, nachdem man dieselben blanchiert hat, in einer Kasserolle mit Wasser und dem gehörigen Salze auf. Wenn es ganz rein abgeschäumt ist, gibt man den in kleine Stücken geschnittenen Spargel hinzu, lässt beides miteinander weich kochen und bereitet zuletzt etwas Mehl in einem Stück Butter weiß und legiert die Brühe von dem Fleische damit, dass sie so dick wie eine Frikasseesauce wird. Nun lässt man es noch ein wenig miteinander durchkochen und gibt es dann zu Tische. Sehr gut schmecken die in Nr. 18 beschriebenen Grießklößchen dazu, welche aber in Wasser oder in der Suppenbrühe wenigstens 1 Stunde lang kochen müssen. Zuerst legt man das Fleisch, alsdann die Klößchen auf die Schüssel und gibt den Spargel darüber. Mit Hühnern, Tauben oder Rindsfleisch kann man dieselbe Schüssel machen.

77. Spargel mit einem bairischen Eierplatz. Man schneidet 4 Milchbrote, das Stück zu 4 Pfennige, in recht feine Schnittchen, quirlt dann 8 Eier mit Salz und einem Viertelquart Milch zusammen und weicht die Schnittchen unter öfterem Umwenden 1 Stunde lang darin ein, wobei die Scheiben aber ganz bleiben müssen. Dann erhitzt man Butter in einer Kasserolle, tut die geweichten Milchbrote dazu, drückt sie mit dem Löffel ein wenig zusammen und backt sie langsam auf Kohlenfeuer. Sobald derselbe beim Rütteln der Kasserolle raschelt, stülpt man ihn auf einen Teller, tut von neuem Butter in die Kasserolle und bäckt ihn auf der anderen Seite unter öfterem Schütteln eben so aus. Dann wird er in eine tiefe Schüssel oder Assiette getan, der Spargel, den man, wie vorher gezeigt wurde, in gutem Bouillon gekocht und mit in Butter weiß geschwitztem Mehl sämig gemacht hat, darüber gegeben, ungefähr eine Viertelstunde stehen gelassen und dann aufgetragen.

78. Spinat. Nachdem der Spinat rein verlesen und gewaschen ist, wird er mit kochendem Wasser, welches gut gesalzen ist, damit er die schöne grüne Farbe behält, abgebrüht, in einen Durchschlag getan und mit diesem wiederholt in einen Eimer mit kaltem Wasser getaucht, um den darin noch befindlichen Sand zu entfernen. Dann drückt man ihn mit den Händen fest aus und wiegt ihn ganz fein. Nun tut man Butter oder reines Fett in eine Kasserolle, schwitzt Mehl schön hellgelb darin, füllt es mit klarer Brühe oder auch nur mit Wasser auf, lässt dasselbe ankochen, tut den Spinat dazu und kocht ihn völlig gar. Sollte er zu dünn sein, so kann mit etwas geriebener Semmel nachgeholfen werden; vorzüglich muss er gut gesalzen sein, da er sonst immer nüchtern schmeckt.

79. Spinat auf eine andere Art bereitet. Wenn der Spinat ganz fein gehackt ist, wird er mit gutem Bouillon aufgesetzt, 2–3 Sardellen recht fein gewiegt und hinzu getan. Kurz vor dem Anrichten wird er mit einigen Eidottern abgerührt, um ihm die gehörige Dicke zu geben, worauf man ihn noch etwas ziehen lässt.

80. Mohrrüben. Wenn man die Mohrrüben geschabt hat, so wäscht man sie und schneidet sie dann in so kleine Stücke, wie es jedem beliebt. Es ist nicht so gut, wenn man sie geschnitten wäscht, weil dadurch der beim Schneiden hervorgedrungene Saft verloren geht. Nun setze man in einer Kasserolle Wasser, Butter, Zucker und etwas Salz auf das Feuer, schütte, wenn es kocht, nach und nach die Rüben hinein und lasse sie, gut verdeckt, bei gelindem Feuer weich und kurz einkochen. Eine Viertelstunde vor dem Anrichten wird nach Gutdünken geriebene Semmel dazu getan und die Rüben gekostet, um zu sehen, ob vielleicht von den angeführten Zutaten noch etwas hinzugegeben werden müssen. Auch kann man statt der Petersilie etwas fein gewiegten Salat dazu tun und die Rüben nur einigemal damit herumschwenken. Es sieht besser aus und schmeckt auch nicht unangenehm.

81. Mohrrüben mit Schoten. Bei diesen verfährt man ganz auf die nämliche Weise, nur dass die ausgehülsten Schotenkörner zugleich mit den Rüben aufgesetzt und öfters umgeschwenkt werden müssen, indem sie sich leicht am Boden festsetzen und dadurch einen bittern Geschmack erhalten. Es wird etwas geriebene Semmel dazu getan und sie vollends gar gekocht. Viele glauben, dass die mit Bouillon gekochten Gemüse besser schmecken. Dieses ist aber bei solchen, welchen etwas Zucker beigegeben wird, nicht der Fall; es verliert sich vielmehr das Angenehme der Schoten sowie der Rüben und der Geschmack wird strenge. Bei vielen anderen Gemüsen ist der Bouillon sehr gut und ich werde genau angeben, bei welchen man ihn anwenden muss.

82. Schoten. Nachdem die Schoten ausgebrochen und gewaschen sind, werden sie gleichfalls mit Wasser, Butter und Zucker aufgesetzt, eine Prise Salz hinzugetan und so gar gekocht. Kurz vor dem Anrichten wird etwas fein gewiegter Salat hinzugetan und nach Verhältnis der Schoten, zu einer Metze ungefähr 2–3 Eidotter, mit einem halben Esslöffel voll Mehl und etwas kaltem Wasser recht klar abgequirlt, zu den Schoten gegeben.

Man muss sie dann noch ein wenig damit ziehen lassen (ja nicht kochen), damit Eier und Mehl nicht roh schmecken, und darauf gleich zu Tische geben. Man kann aber die Schoten auch nur, wie in Nr. 80 gezeigt wurde, mit Semmel kochen. Auch ein wenig süße Sahne, mit Mehl abgezogen und zuletzt dazu getan, schmeckt angenehm.

83. Schneidebohnen. Wenn die Bohnen abgehäutet und recht fein geschnitten sind, so werden sie in kochendes Wasser, welches man etwas gesalzen hat, damit sie schön grün bleiben, getan und etwas verwellt. Unterdessen setzt man Wasser mit Butter, Zucker und ein wenig Salz auf und lässt es kochen, tut die wohl abgelaufenen Bohnen hinein und kocht sie weich. Zuletzt gibt man geriebene Semmel oder auch etwas Mehl mit Wasser abgerührt, dazu, nimmt sich aber in Acht, dass sie nicht anbrennen, und lässt sie noch ein wenig ziehen.

84. Schneidebohnen mit Milch. Diese werden auf die nämliche Weise geschnitten und verwellt, wie oben gezeigt wurde. Dann kommen sie in kochende Milch, wozu ein Stück Butter und etwas Salz gegeben ist, und müssen bei gelindem Feuer oder auf Kohlen gar kochen. Zuletzt kommt etwas Mehl, mit Sahne oder Milch abgequirlt, hinzu, und wer will, kann auch ein paar Eidotter dazu nehmen.

85. Brechbohnen. Diese schmecken am besten, wenn man sie mit Hammelfleisch kocht. Wenn die Bohnen abgezogen und ein paar Mal durchgebrochen sind, werden sie in kochendem Wasser, welches etwas gesalzen worden, beinahe ganz weich abgewellt. Unterdessen muss das Hammelfleisch so weit gekocht sein, dass aller Schaum davon abgenommen ist, und man die Bohnen, von denen in einem Durchschlage das Wasser abgelaufen ist, dazu tun kann. Zuletzt macht man einige Löffel Mehl in guter Butter ganz gelb und rührt die Bohnenbrühe damit sämig, lässt es nun noch etwas durchkochen und gibt es zu Tische. Das Fleisch kann grilliert oder, wenn es schön fett durchwachsen ist, mit Semmel bestreut und auf dem Roste gebraten dazu gegeben werden.

86. Kohlrabi. Man befreit die Kohlrabi von der dicken Schale und schneidet sie in beliebige Scheiben, streift das Grüne der Blätter von den Stengeln und lässt beides miteinander in kochendem Wasser eine kleine halbe Stunde kochen. Dann nimmt man es ab, lässt in einem Durchschlage die Blätter, mit Wasser abgespült, recht gut ablaufen und schneidet sie in kleine Streifen, setzt Brühe, welches auch Hammelbrühe sein kann, auf, und wenn solche kocht, gibt man die abgebrühten Kohlrabi dazu und kocht sie gar. Zuletzt wird geriebenes Milchbrot oder etwas Mehl in Butter weiß geschwitzt, dazu getan, auch wenn es beliebt, etwas Zucker. Da die Kohlrabi etwas Fett haben will, so kann man immer noch ein Stückchen Butter mit kochen. Man darf nur zuletzt, bevor man es zu Tische bringt, alles Fette davon abschöpfen.

87. Gefüllte Kohlrabi. Zu diesen nimmt man ganz große, aber doch noch junge Kohlrabi, schneidet alles häutige und holzige davon und oben einen etwas starken Deckel ab. Dann höhlt man mit einem Messer die Kohlrabi recht vorsichtig aus, so dass sie nicht entzwei bricht oder Schnitte bekommt, und verwellt sie nun eine Viertelstunde in kochendem und gut gesalzenem Wasser. Unterdessen macht man folgende Farcen: Man reibt 4 Loth Butter zu Sahne, tut nach und nach 3 Eidotter, dann den Schnee von den 3 Eiern, etwas fein gewiegtes Fleisch von kaltem Braten, welcher es auch sei, und zuletzt so viel Semmel, als ein leichter Kloßteig verträgt, nebst etwas Salz dazu. Dann nimmt man die Kohlrabi aus dem Wasser, lässt sie abkühlen und füllt sie mit jener Masse aus; doch nicht zu voll, indem das Füllsel aufquillt, legt den Deckel darauf, bindet sie übers Kreuz mit reinen Fäden, setzt sie nun in recht guter fetter Brühe auf und kocht sie so lange, bis sie sich ganz weich stechen; dann werden sie auf eine Schüssel herum gelegt und wohl zugedeckt auf heißen Dampf gesetzt, damit sie nicht kalt werden. Nun rührt man einen guten Löffel voll Mehl mit einem Stücke Butter und 4 Eidottern, nebst der Brühe, worin die Kohlrabi gekocht haben, zur dicken Sauce, lässt sie gehörig auskochen, gibt sie über die Kohlrabi und dann gleich damit zu Tische.

88. Artischocken mit Kälbermilch gefüllt. Man schneidet unten am Boden das Grüne und an den Blättern die Spitzen weg, setzt die Artischocken in kochendes Wasser, welches man gehörig gesalzen hat, und lässt sie so lange kochen, bis man die innersten Blätter leicht heraus ziehen kann. Dann nimmt man die Artischocke in die eine Hand und fasst mit der andern die innersten Blätter, dreht sie herum und heraus, macht mit einem kleinen Löffel das Haarige davon, spült sie mit Wasser rein aus und legt sie umgewendet in einen Durchschlag, damit alles Wasser davon abläuft. Man nimmt nun ein paar Kälbermilch, etwas rein und weich gekochte und fein geschnittene Morcheln, etwas Leber vom Hecht oder jungem Federvieh, hackt es fein, legt es in die Artischocken und lässt sie in der Nr. 87 gezeigten Sauce noch etwas ziehn.

89. Blumenkohl. Bei diesem muss man sich beim Verlesen und Reinigen so viel wie möglich in Acht nehmen, dass man die schönen Blumen nicht zerbröckelt und doch die Häutchen und Blätter alle davon wegnimmt. Nun wird der Kohl behutsam in kochendes Wasser, welches gehörig gesalzen ist, gelegt und eine Viertelstunde lang verwellt, vom Feuer weg genommen und noch eine Zeit lang in diesem Wasser gelassen, dann aus dem Wasser genommen, in eine Assiette gelegt, so dass die Blumen alle nach unten und an die Seite kommen, die Stiele aber nach innen. Hierauf stülpt man die Schüssel, auf welcher man den Blumenkohl zu Tische bringen will, auf die Assiette, kehrt sie schnell um und nimmt letztere behutsam hinweg, damit man den Blumenkohl, welcher nun wie eine ganze Staude aussieht, nicht einreißt, und gibt die nach Nr. 37 bereitete holländische Sauce, welche mit etwas Wasser vom Blumenkohl gekocht wird, darüber.

90. Blumenkohl mit jungen Tauben. Man reinigt den Blumenkohl, wie eben gezeigt wurde, verwellt ihn etwas, doch ja nicht weich. Unterdessen kocht man die Tauben, welche in Viertel geschnitten, mit kaltem Wasser und einem Stücke Butter zum Feuer gesetzt worden, an, legt den Blumenkohl später dazu, lässt beides gar kochen und nimmt es dann heraus. Nun bereitet man die in Nr. 14 angegebene Semmel oder in Nr. 14 angezeigten Grießklößchen, legiert zuletzt die Brühe mit einigen Eidottern und gibt sie über die Tauben und den Blumenkohl auf die Schüssel.

91. Weißkohl. Man befreit den Weißkohl von den schlechten äußeren Blättern, schneidet ihn in Viertel und legt ihn in eine tiefe Schüssel. Nun macht man Wasser, worein etwas Salz getan worden, kochend und gießt es über den Kohl, den man nun, wohl zugedeckt, wenigstens 1 Stunde stehen lässt. Dann wird er in einen Durchschlag gelegt und immer noch mit kochendem Wasser nachgespült. Wenn er ganz abgelaufen ist, wird er in einer Kasserolle rangiert, immer ein Viertel neben dem andern, recht guter Bouillon und, wenn er nicht fett genug ist, noch ein Stückchen Butter nebst etwas Zucker daran gegeben und nun auf gelindem Feuer ganz weich und kurz gekocht. Vor dem Anrichten macht man geriebenes Milchbrot in Butter recht schön gelb, stülpt den Kohl auf die Schüssel und streut das gebratene Milchbrot oben darüber, worauf er zu Tische gegeben wird. Grilliertes Hammelfleisch dazu gegeben, ist er ein recht schönes Gericht.

92. Gefüllter Kohlkopf. Man nimmt von einem Kohlkopfe die äußersten größten Blätter hinweg, schneidet die dicken Rippen mit einem Messer ganz flach weg, doch so, dass es keine Löcher gibt, legt sie in eine Schüssel, gießt kochendes Wasser dazu und lässt sie wohl zugedeckt stehen. Nun nimmt man die übrigen Kohlblätter, verwellt dieselben ein wenig und wiegt sie ganz fein, lässt Butter heiß werden und dämpft den gehackten Kohl, bis er beinahe genießbar ist. Nun nimmt man Fleischreste, entweder von übriggebliebenem Kalbs- oder besser von Hammelbraten, hackt dasselbe (ungefähr 1 Pfund) recht fein, tut es zu dem Kohl und schwitzt es zusammen noch ein wenig durch. Dann kommt es in eine Schüssel, und wenn es etwas abgekühlt ist, gibt man 2 gute Hände voll geriebener Semmel, 4 Eier und 1 Tassenkopf voll Milch, nebst dem nötigen Salze dazu, rührt alles recht gut durch und kostet dieses Füllsel, ob es auch mit Salz recht getroffen ist. Nun werden in einer runden Form (am besten eine irdene) einige kleine Stäbchen kreuz und quer gelegt und ebenso lange Fäden, welche aber über die

Form heraushängen müssen, nun legt man die abgelaufenen Kohlblätter hinein, doch so, dass keine Lücke offen bleibt, streicht mit einem Löffel die Farce darauf, bedeckt sie wieder mit Kohlblättern und fasst nun die Fäden alle in der Mitte zusammen, befestiget sie durch einen Knoten und legt diesen nun wieder formierten Kohlkopf noch einmal heraus, tut erst ganz rein abgeklärte Schmelzbutter mit etwas Zucker in die Form, lässt es ganz heiß werden und legt dann den Kohlkopf auf die Stäbchen. So wird er in einen heißen Bratofen gesetzt oder zwischen oben und unten Kohlen einmal umgewendet, wenn die Sauce zu kurz ist, wird Bouillon zugegossen. Zwei bis drei Stunden muss er langsam dämpfen. Wenn er gar ist, wird die Sauce mit etwas braunem Mehl und Bouillon verlängert, auch wenn es nötig ist, noch etwas Zucker dazu getan, denn etwas Zucker muss dabei zu schmecken sein. Die Fäden werden dann alle weggeschnitten, etwas Sauce darauf gefüllt, die übrige aber in einer Sauciere besonders gegeben.

93. Gefüllter Kopfsalat. Dazu müssen ganz große und feste Köpfe Salat genommen werden. Man putzt die äußeren schlechten Blättern weg und wirft die reinen köpfe in einen Kessel mit kochendem Wasser, welches vorher gesalzen ist, darin lässt man sie nur ein paar Wellen schlagen. Hierauf müssen sie schnell in kaltes Wasser gelegt werden und dann auf ein Sieb, damit sie ganz ablaufen können. Unterdessen macht man eine leichte Farce, legt den Salat auf einen Tisch und öffnet mit der größten Vorsicht die Blätter bis auf die innersten, gibt mit einem Löffel zwischen jedes derselben etwas Farce, drückt den Salat wieder fest in seine natürliche Form und legt denselben in eine Kasserolle dicht und fest, einen Kopf den anderen, gießt fetten Bouillon dazu und lässt ihn gar dämpfen. Nun nimmt man einige Eidotter, 1 Löffel Mehl und etwas Sahne, rührt dieses schön glatt, quirlt die Salatsauce damit an, lässt es noch etwas ziehn und gibt es dann über die gefüllten Salatköpfe.

94. Gefüllte Gurken. Zu dieser Art Gemüse nimmt man dicke kurze Gurken, schält sie recht rein ab, damit ja nichts Grünes daran bleibt, und schneidet sie der Länge nach gerade in der Mitte durch, nimmt mit einem silbernen Löffel die Kerne sauber heraus und lässt die Gurken in kochendem Wasser ein wenig aufwallen. Dann nimmt man sie mit einem Schaumlöffel behutsam heraus, damit sie nicht entzwei gehen, und legt sie auf ein reines Tuch, damit alles Wasser davon kommt. Unterdessen nimmt man 3 Hände voll geriebenes Milchbrot, eine ganz kleine Hand voll Mehl, fein gestoßene Mandeln, ein wenig auf Zucker abgeriebene Zitronenschale, ein wenig kleine Rosinen, 3 Esslöffel voll Sahne und so viele Eier, als nötig sind, um eine feine Farce zu verfertigen, auch gehörig Zucker. Mit diesem füllt man nun die gurken auf beiden Seiten, passt sie genau wieder zusammen und umwickelt sie mit Fäden, lässt in einer Kasserolle Wasser mit etwas gutem Wein und Zucker kochend werden, legt die Gurken hinein und kocht sie darin weich. Dann werden sie herausgenommen, die Sauce mit einigen Eidottern und so viel Kartoffelmehl, als zu einer sämigen Sauce nötig ist, abgequirlt und, wenn es noch etwas gezogen hat, über die Gurken, welche man von den Fäden befreit hat, gegeben.

95. Gurken auf eine andere Art. Man schält die Gurken, höhlt sie auf eben beschriebene Weise aus und schneidet kleine viereckige Stückchen daraus, lässt in einer Kasserolle Butter heiß werden, tut die Gurkenstückchen, nachdem sie etwas gesalzen sind, hinein und schmort sie weich. Sollten sie nicht hinreichende Sauce haben, so gibt man etwas Bouillon darauf. Beim Anrichten wird die Sauce mit einigen Eidottern und ein klein wenig Mehl abgezogen, die Gurken darin geschwenkt und dann zu Tische gegeben.

96. Wirsingkohl. Man kann den Wirsingkohl entweder in Viertel schneiden oder denselben auseinander machen und jedes einzelne Blatt vom Stängel abschneiden, dann verwellt man ihn in kochendem, gut gesalzenem Wasser, gießt dasselbe ab, spült mit kaltem Wasser nach und drückt den Kohl fest aus. Unterdessen setzt man guten Bouillon mit Butter oder auch mit Fett und Jus von Braten auf das Feuer, tut, wenn dieses kocht, den Wirsingkohl und ganz zuletzt etwas geriebene Semmel hinein und lässt ihn ganz kurz einkochen.

97. Wirsingkohl auf eine andere Art. Wenn derselbe auf die oben angeführte Weise abgebrüht und recht fest ausgedrückt ist, wird er fein gewiegt und in gutem Bouillon gar gekocht. Eine Viertelstunde vor dem Anrichten macht man geriebenes Milchbrot in Butter recht schön dunkelgelb, tut es zum Kohl, lässt es noch etwas mitkochen und richtet ihn zum Rindfleisch an.

98. Weiße Rüben. Wenn die Rüben recht rein geschabt sind, werden sie mit lauwarmen Wasser gewaschen und sogleich in eine Kasserolle, worin Wasser mit einem Stücke harten Zucker kocht, getan und 10–15 Minuten darin aufgewellt. Unterdessen muss man in einer anderen Kasserolle die Brühe oder Wasser mit Butter und Zucker aufkochen lassen, die Rüben mit einem löchrigen Löffel, nach und nach, gut abgelaufen, hinein legen und darin gar kochen. Ganz zuletzt tut man braunes Mehl und, wenn man die Brühe recht dunkel haben will, auch etwas braun gebrannten Zucker dazu. Salz darf man nur wenig daran tun, indem zu viel unangenehm schmeckt.

99. Weiße Rüben mit Hecht. Hierzu nimmt man die Rüben nicht zu klein, damit man runde Scheibchen davon schneiden kann, und kocht sie auf die nämliche Weise, wie vorher gezeigt. Der Hecht wird gut abgeschuppt, in Stücke geschnitten und mit Wasser und Butter gar gekocht. Dann rangiert man ihn auf eine Schüssel, gibt die Rüben darüber und lässt es, gut zugedeckt, auf Kohlen noch etwas ziehen. Alle Arten Rüben, als Erd- oder Kohlrüben, Wasserrüben und die kleinen schwarzen Steckrüben, können auf diese Art, oder auch mit Fleisch, gekocht werden.

100. Roter Kohl mit Pflaumen. Ein großer oder zwei kleine Kohlköpfe werden so fein wie zu einem Salat geschnitten und in kochendem Wasser eine Viertelstunde gut verwellt, dann auf einen Durchschlag gelegt und ablaufen gelassen. Nun wird der Kohl in eine Kasserolle, worin recht frische Butter oder Bratenfett heiß gemacht ist, getan und gedämpft. Nachdem man von einer halben Metze frischer Pflaumen die Haut abgezogen und die Steine ausgenommen hat, tut man das Fleisch derselben zum Kohl, gibt ein Glas guten Wein nebst dem nötigen Zucker darauf und lässt es recht weich und kurz kochen. Zu gebratenem Hasen oder zu grilliertem Hirschfleisch schmeckt es am besten. Man kann auch statt der Pflaumen, wenn solche nicht mehr zu haben sind, Äpfel nehmen, welche abgeschält und in feine Scheiben zum Kohl geschnitten werden.

101. Sauerkohl. Der Sauerkohl muss recht frisch und noch ganz weinsauer sein. Er wird mit Wasser und abgeschöpftem Fett von Rindfleisch aufgesetzt und weich gekocht. Abgeschälte Äpfel, ein wenig Wein und Zucker geben dem Kohl einen sehr angenehmen Geschmack. Er darf jedoch nur mit besonderer Erlaubnis des Arztes gegessen werden. Mit fettem Rindfleisch und zuletzt mit etwas in Butter geröstetem Mehl kann man ihn gleichfalls kochen.

102. Grünkohl. Man streift die Blätter von den Stängeln ab, wäscht jene recht rein und verwellt sie in kochendem, gut gesalzenem Wasser weich. Dann tut man den Kohl in einen Durchschlag, spült ihn mit frischem Wasser ab, drückt ihn mit den Händen recht fest aus und wiegt ihn auf einem Hackbrett recht fein. Unterdessen macht man recht guten fetten Bouillon in einer Kasserolle kochend, tut den gewiegten Kohl hinein, röstet Mehl braun und rührt es nebst etwas Zucker zum Kohl. Auch kocht man Kastanien in Wasser weich, schält sie ab und gibt sie dazu. In Ermangelung derselben bedient man sich auch der kleinen Zuckerkartoffeln, welche, wenn sie gekocht und geschält sind, in einer eisernen Pfanne mit Butter und Zucker recht schön braun glaciert werden.

103. Kleine Kartoffeln mit Hering. Man kocht kleine Zuckerkartoffeln auf die gewöhnliche Weise gar. Unterdessen hackt man einen Hering, welcher vorher rein gewaschen und abgehäutet ist und etwa 1 Stunde in süßer Milch gelegen hat, recht fein und schwitzt denselben in Butter auf, gibt etwas Sahne und später die abgeschälten Kartoffeln hinzu, schwenkt sie gehörig damit durch, lässt sie ziehen, doch so, dass sie nicht rocken werden und serviert sie zum Rindfleisch.

Sechster Abschnitt

Von der Zubereitung verschiedener Puddings und Mehlspeisen

104. Semmel-Pudding. Man reibt von 6 Milchbroten, das Stück zu 4 Pfennige, die äußere Rinde ab, schneidet die Krume in feine Scheibchen und legt sie in eine Schüssel mit breitem Boden. Nun kocht man ein halbes Quart gute Milch, worein 4 Loth Butter, nebst ebenso viel Zucker getan worden, und gießt es über die geschnittenen Milchbrote, deckt sie gut zu und lässt es vollkommen erkalten. Unterdessen rührt man noch 3 Loth Butter zu Sahne, schlägt nach und nach 9 Eidotter dazu sowie ein Viertelpfund Zucker nebst etwas abgeriebener Zitronenschale, 4 Loth abgeschälter und ganz fein gestoßener süßer Mandeln, ein Viertelpfund halb großer, halb kleiner Rosinen, das angebrühte Milchbrot und ganz zuletzt den Schnee von den 9 Eiern. Wenn nun alles gehörig durchgerührt ist, so wird diese Masse entweder in einer Serviette, welche man gut mit Butter geschmiert hat, oder in einer Puddingform 1½ Stunden gekocht und mit einer der Obst- oder Milchsaucen zu Tische gegeben.

105. Brot-Pudding. Zwölf Loth geriebenes Schwarzbrot röstet man auf Papier in dem Ofen oder auf einem warmen Blech, damit es so hart wird, dass man es so fein wie Mehl stoßen kann. Nun werden 12 Loth Zucker, worauf etwas Zitronenschale abgerieben wurde, gleichfalls fein gestoßen und mit 12 Eidottern recht leicht gerührt, dann das Brot und 4 Loth fein gestoßene süße Mandeln, nebst dem Schnee von den 12 Eiweiß dazu gerührt, alles in eine wohl ausgeschmierte Form getan und 2 Stunden in Wasser gekocht.

106. Schwemm-Pudding. Zu diesem Pudding gehörende folgende Ingredienzien, als:

13 Loth Mehl
13 Loth Zucker
13 Loth Butter
15 Eier
½ Quart Milch und der vierte Teil einer Zitronenschale

Dieses alles wird auf folgende Weise behandelt: Man lässt die Hälfte der Milch mit der Hälfte der Butter und der Hälfte des Zuckers kochen. Unterdessen quirlt man die eine Hälfte Mehl mit der übrigen Milch recht glatt ab. Wenn nun die erstere Milch kocht, so gießt man diese Mehlmilch hinzu und lässt unter beständigem Rühren den Teig so abtrocknen, dass er ganz steif ist und sich von der Kasserolle ablöst. Nun wird die übrige Butter zu Sahne gerührt, der Zucker und die Zitronenschale dazu getan und nach und nach immer 1 Eidotter und 1 Löffel voll von dem abgebrühten Teige mit der Reibekeule dazu gerieben, bis es alle ist. Der Teig muss ganz kalt sein. Zuletzt kommt der Schnee von den 15 Eiern dazu und alles gleich in die Form, welches eine Pfund große sein muss, und wird es in kochendes Wasser gesetzt, wo es 2 Stunden unausgesetzt und von allen Seiten kochen muss. Dieser Pudding ist dem Biskuit gleich. Man kann eine Sauce von 1 Quart Milch, etwas Mehl, dem Gelben von 8 Eiern, Zucker, etwas Zitronenschale und ungefähr 8–10 recht fein gestoßene Mandeln dazu gegeben.

107. Pudding von Reismehl. Man kocht 1 Pfund Reismehl in 1 Quart Milch, worin ½ Pfund Butter mitgekocht ist, ebenfalls, wie bei dem vorigen gezeigt wurde, zum steifen Teig; dann reibt man ½ Pfund Zucker mit dem Gelben von 24 Eiern nebst der auf Zucker abgeriebenen Zitronenschale zu der erkalteten Masse; ganz zuletzt wird der Schnee von den 24 Eiern gleich in die Form gefüllt und alles 2 Stunden gekocht. Die Sauce kann man nach Belieben dazu geben.

108. Rosinen-Pudding. Man lässt ¼ Pfund Butter, die man vorher recht rein abgeklärt hat und von allem Salz und aller Unreinheit befreit hat, in einer Kasserolle heiß werden, rührt 10 Loth geriebenes Milchbrot dazu und, nachdem es etwas durchgeschwitzt hat, jedoch nicht gelb geworden ist, gießt man unter beständigem Rühren ½ Quart Milch, welche vorher gekocht hat, dazu, lässt es gehörig aufkochen und setzt es dann dem Erkalten aus. Nun werden ungefähr 2 Loth süßer Mandeln abgeschält, ganz fein gestoßen und nebst 6 Loth fein gesiebten Zucker und dem Gelben von 10 Eiern zu dem Semmelbrei gerührt, zuletzt der Schnee der 10 Eier und ¼ Pfund kleiner Rosinen in eine Form oder Serviette getan und 1 Stunde gekocht.

109. Pudding von Sago. Wenn man 1 Pfund Sago gereinigt und mehrere Male mit kochendem Wasser abgebrüht hat, wird er in 1 Quart Milch unter beständigem Rühren, damit er nicht teigig werde oder sich anlege, recht dick gekocht und dann zum Verkühlen weg gesetzt. Nun reibt man ½ Pfund Butter zu Sahne, gibt 15 Eidotter, ½ Pfund Zucker, etwas auf demselben abgeriebene Zitronenschale, eine Hand voll geriebenen Milchbrotes und zuletzt den Schnee der 15 Eier hinzu, gibt es in die Form und lässt es 2 Stunden kochen. Mit einer Obstsauce wird er zu Tische gegeben.

110. Fisch-Pudding. Man reibt ½ Pfund Butter zu Sahne, tut das Gelbe von 12 Eiern und etwas Zitronenschale dazu, reibt ungefähr 6 Milchbrote, gibt, wenn es zu dick sein sollte, ein wenig Sahne dazu und ganz zuletzt den Schnee von den 12 Eiern und einen 2 Pfund schweren, in Salzwasser abgekochten und in kleine Blätter zerlegten Hecht, salzt es gehörig und lässt den Pudding 2 volle Stunden kochen, worauf man ihn mit einer feinen Sardellensauce zu Tische gibt.

111. Gebackener Pudding. Man reibt von 4 Milchbroten die äußere Rinde ab und weicht die Krume in Milch ein. Dann rührt man ½ Pfund Butter mit 8 Eidottern ab, drückt die Milchbrote fest aus und rührt sie auch dazu, nebst 2 Loth fein gestoßenen Mandeln, etwas Zitronenschale, ¼ Pfund fein gesiebten Zuckers und ¼ Pfund kleiner Rosinen, schlägt das Weiße der 8 Eier zu Schnee, rührt es zuletzt dazu, füllt das Ganze in eine Mehlspeisenform und lässt es in einer Stunde gar backen. Mann kann irgendeine Obst-Sauce dazu geben.

112. Gebackener Reis. Man weicht 1 Pfunde Reis eine Stunde lang in kaltem Wasser ein, quirlt ihn dann mit frischem so lange, bis dasselbe ganz rein davon abläuft. Dann wird noch ein paar Mal kochendes Wasser darauf gegossen und ungefähr eine Viertelstunde lang an einer warmen Stelle gelassen. Er muss aber ja nicht kochen oder ausquellen. Nun kocht man 1 Quart recht guter Milch in einer Kasserolle, tut den Reis in dieselbe, lässt ihn darin ganz steif kochen und dann kalt werden. Unterdessen rührt man ¼ Pfund Butter zu Sahne und nimmt ¼ Pfund gesiebten Zucker, 4 Loth abgeschälter, fein gestoßener Mandeln, den viertel Teil einer auf Zucker abgeriebenen Zitronenschale und 12 Eier, wovon das Weiße zu Schnee geschlagen worden ist, und dann den Reis. Alles gehörig durchgerührt, wird es in einer wohl ausgeschmierten und mit Semmel bestreuten Form 1 Stunde lang in einem wohl ausgeheizten Ofen gebacken und mit einer beliebigen Sauce gegeben. Man kann statt des ganzen Reises auch Reisgrieß nehmen, wobei man das Reinigen desselben erspart.

113. Reis mit Äpfeln. Man wäscht und reinigt den Reis, wie eben gezeigt wurde, dann wird er, wenn es 1 Pfund ist, mit ½ Pfund Butter und ¼ Pfund Zucker dick gekocht. Wenn er die Hälfte der Zeit gekocht hat, so wird ½ Metze Bosdorfer Äpfel abgeschält, jeder in 8 Stückchen zerschnitten und zu dem Reis getan, etwas auf Zucker abgeriebene Zitronenschale und zuletzt ein Glas guter Wein, welcher nicht allzu sauer ist, darauf gegeben. Nun lässt man ihn noch etwas durchziehen, richtet ihn dann auf einer flachen Schüssel an, bestreut ihn dick mit Zucker und geht mit einer glühenden Schaufel darüber, damit er ein gutes Ansehen bekommt.

114. Reis mit Äpfeln auf andre Art. Man kocht 1 Pfund gereinigten Reis in 1 Quart Milch und ¼ Pfund Zucker ganz dick und eben so kocht man von 1 Metze Äpfel ein recht dickes Mus, zu welchem man Zitronenschale, kleine Rosinen und den nötigen Zucker tut. Nun schmiert man eine Mehlspeisenform mit Butter aus, bestreut sie mit geriebenen Biskuit, rührt zu dem Reis das Gelbe von 6 Eiern und legt auf den Boden der Form eine Lage von dem Reis, dann eine von den Apfelmus und fährt damit fort, bis beides auf diese Weise verbraucht ist. Zuletzt schlägt man das Weiße der 6 Eier zu steifem Schnee, legt ihn über den Reis, bestreut ihn dicht mit Zucker, setzt denselben nun in einen wohl ausgeheizten Ofen und lässt ihn recht schön gelb backen.

115. Milchreis. Man reiniget den Reis wie gewöhnlich und kocht 1 Pfund davon mit 2 Quart Milch und ¼ Pfund Butter gar, worauf man ihn auf einer flachen Schüssel mit Zucker bestreut. Hierzu kann man feines Pflaumen- oder süßes Kirschmus, wohl verdünnt und aufgekocht, geben, auch Koteletten oder andere Fleischarten können dazu gegessen werden.

116. Reis mit Parmesankäse. Wenn der Reis gehörig gewaschen und abgebrüht ist, setzt man ihn mit kochendem Wasser und einem Stücke Butter zum Feuer und lässt ihn ausquellen. Gewöhnlich kocht man zu dieser Art Reis alte Hühner. Wenn der Reis nun anfängt dick zu werden, so gibt man immer etwas Hühner-Bouillon zu und kocht ihn so gar, aber ja nicht zu dünn. Dann werden die Hühner tranchiert, auf einer Schüssel geordnet, der Reis darüber getan, etwas von der fetten Hühnerbrühe darauf geträufelt, fein geriebener Parmesankäse dicht darauf gestreut, etwas geschmolzene Butter darüber getan und nun alles in einen heißen Ofen gesetzt, wo es etwas gelb werden muss. Man kann statt des Parmesan- auch Schweizer Käse nehmen.

117. Makkaroni. Man legt dieselben in kochendes Wasser, welches man gehörig gesalzen hat, und lässt sie darin weich kochen. Dann werden sie in einen Durchschlag getan, damit das Wasser ganz davon abläuft. Nun wird die Schüssel, auf welcher man sie zu Tische bringt und welche am besten eine zinnerne ist, mit ganz feiner Butter dick beschmiert, etwas Parmesankäse darauf gestreut und dann eine Lage von den Makkaroni. Auf diese tut man etwas geschmolzene Butter, dann wieder Käse und so fort, bis sie alle sind. Ganz zuletzt streut man den geriebenen Käse dick darauf, gibt mit einem Löffel geschmolzene Butter rund herum und setzt sie in einen wohl ausgeheizten Ofen, bis sie oben gelb sind.

118. Gebackene Nudeln. Man macht von 4 Eiern Nudeln wie zu einer gewöhnlichen Suppe, nur dass man sie nicht fein, sondern einen Finger breit schneidet, lässt sie in kochendem und gesalzenem Wasser ein paar Mal aufwellen und spült sie in einem Durchschlage mit frischem Wasser recht rein ab, damit nicht so mehlige Brühe daran bleibt. Wenn sie rein abgelaufen sind, macht man eine Creme von 6 Eiern und einem halben Quart süßer Sahne mit etwas Zucker und nur wenig auf demselben abgeriebener Zitronenschale. Nun schmiert man eine Mehlspeisenform mit Butter aus, gibt eine Lage Nudeln, dann einige Löffel voll Creme und so fort, bis zuletzt noch die Creme darüber steht, bestreut alles noch dick mit Zucker und lässt es ½ Stunde in einem heißen Ofen aufziehn.

119. Gebackener Grieß. Man tut ¼ Pfund Wiener Grieß in eine Schüssel, gießt ½ Quart kochender Milch darüber und rührt ihn so lange, bis er kalt ist. Dann rührt man die Dotter von 6 Eiern sowie das zu Schnee geschlagene Weiße, nebst 4 Loth Zucker, eben so viel kleinen Rosinen und ein wenig auf Zucker abgeriebener Zitronenschale dazu, tut es in eine gut mit Butter ausgeschmierte Mehlspeisenform und bäckt es eine kleine Stunde lang schön hellgelb in einem Ofen aus. Man kann eine Milch- oder Obstsauce dazu geben.

120. Rosinenspeise. Das Gelbe von 6 Eiern wird mit einem Tassenkopf voll Mehl, einem halben Quart guter Milch (besser ist Sahne) und dem Weißen der 6 Eier, welches zu steifem Schnee geschlagen worden ist, zusammen gequirlt und ganz zuletzt ¼ Pfund kleiner Rosinen, welche man vorher auf das sorgfältigste gereinigt hat, mit ¼ Pfund Zucker dazu gerührt. Dieses wird, in einer mit Butter ausgeschmierten Form, in einem wohl ausgeheizten Ofen schnell ausgebacken.

121. Mandelspeise. Man reibt ¼ Pfund Butter zu Sahne, schlägt nach und nach das Gelbe von 12 Eiern und ¼ Pfund fein gesiebten Zucker dazu, nebst dem vierten Teile einer auf Zucker abgeriebenen Zitronenschale, stößt ¼ Pfund süßer Mandeln mit Eiweiß ganz fein und schlägt das Übrige der 12 Eier zu steifem Schnee, rührt es nebst einem kleinen Tassenkopf geriebener Milchbrote dazu und lässt es schön hellgelb backen. Eine der Obstsaucen gibt man dabei zu Tische. Doch bemerke ich hierbei, dass nur dann, wenn der Arzt den Genuss der Mandeln erlaubt hat, diese Speise gegessen werden darf.

122. Schokoladenspeise. Man rührt ¼ Pfund Butter zu Sahne und gibt nach und nach dazu 8 Eidotter, ¼ Pfund fein gesiebten Zucker, 4 Loth fein gestoßene süße Mandeln, ¼ Pfund Schokolade ohne Gewürze, welche man auf einem recht feinen Reibeisen gerieben, und zuletzt das Weiße der 8 Eier, welches zu steifem Schnee geschlagen worden ist. Dieses wird in eine mit Butter ausgeschmierte Form getan und in einem wohl ausgeheizten Ofen gar gebacken.

123. Erdbeerenspeise. Wenn die Erdbeeren recht reif und saftig sind, so nimmt man 1 Pfund davon in ein Haarsieb und schlägt sie durch dasselbe. Unterdessen rührt man ¼ Pfund Butter zu Sahne, schlägt das Gelbe von 8 Eiern dazu und gibt ¼ Pfund Zucker nebst zwei Händen voll gestoßenen Zwiebacks und das Weiße der 8 Eier, zu Schnee geschlagen, dazu, füllt es in eine Form und bäckt es schnell in einem heißen Ofen.

124. Himbeerenspeise. Es werden 8 Eidottern mit ¼ Pfund fein gesiebten Zucker, 4 Loth gestoßener süßer Mandeln und zwei Hände voll geriebenes Milchbrot recht leicht und schäumig gerührt. Dann tut man ¼ Quart süßer Sahne, das zu Schnee geschlagene Weiße der 8 Eier und einen Teller voll recht schöner Himbeeren dazu, gibt es in eine Form und zieht es im Ofen schön auf.

125. Kirschenspeise. Hierzu bereitet man ganz die nämliche Creme wie zu der Himbeerspeise, nimmt dann ½ Metze großer schwarzer Herzkirschen, macht mit einer Federspule die Steine heraus, rührt das Fleisch zu der Masse und bäckt sie im Ofen gar. Wenn man will, so kann von einer Viertelmetze schwarzer süßer Kirschen etwas Sauce gekocht und bei Tische dazu serviert werden.

126. Aprikosenspeise. Man kocht 15 Stück Aprikosen in etwas Wasser so weich, dass man sie durch ein Haarsieb schlagen kann. Unterdessen lässt man 12 Loth Zucker in nur sehr wenig Wasser schmelzen, oder besser ist es, man nimmt den Zucker in Stücken, taucht ihn in frisches Wasser schnell hinein und setzt ihn gleich in der Kasserolle auf Kohlenfeuer. Wenn derselbe Bläschen schlägt, tut man das Aprikosenmark hinzu, kocht es ganz steif und setzt dasselbe an einen Ort, wo es kalt wird. Nun rühre man 6 Loth ganz frischer Butter, ohne alles Salz, zu Sahne, tue das ausgekühlte Mark nebst dem Schnee von 15 Eiern dazu und rühre alles auf einer Seite eine ganze Stunde lang, dass es wie Schaum ist. Dann wird es in eine mit Butter ausgeschmierte Form getan, in einem nicht allzu heißen Ofen eine ganze Stunde langsam gebacken und, wenn es herauskommt, sogleich mit Zucker bestreut zu Tische gegeben.

127. Pfirsichspeise. Diese wird ganz auf die nämliche Art bereitet, nur dass man, wenn es der Arzt erlaubt, hierzu statt des Wassers roten Wein nehmen kann. Übrigens bleibt die Behandlung sowie die Quantität ganz dieselbe wie bei den Aprikosen.

128. Weintraubenspeise. Man rührt das Gelbe von 8 Eiern mit einem Viertelpfund fein gesiebten Zucker recht leicht und schäumig. Dann gibt man 4 Loth mit Eiweiß fein gestoßener süßer Mandeln, einen Tassenkopf voll süßer Sahne, den Schnee der 8 Eier und zuletzt so viel gestoßenen Zwieback hinzu, dass der Teig die Dicke von gewöhnlichem Eierkuchenteig erhält. Nun pflückt man recht schöne reife Beeren von solchen Weintrauben, welche die weichsten Schalen haben, und legt sie in eine Form, welche mit Butter ausgeschmiert und mit geriebener Semmel bestreut ist, dicht neben und dreifach aufeinander und bäckt sie in einem heißen Ofen in einer Stunde gar. Eine Sauce hierzu ist unnötig. Wenn man sie aber durchaus haben will, so kann man dieselbe von ausgepressten Weintrauben, Zucker und Eiern bereiten.

129. Quittenspeise. Wenn die Quitten mit einem Tuche recht fein abgewischt sind, so setzt man sie mit kaltem Wasser in einer Kasserolle auf das Feuer, versucht sie oftmals, und wenn sie sich weich stechen, so nimmt man solche vom Feuer, schält das feine Häutchen davon ab und reibt sie auf dem Reibeisen, nehme sich aber wohl in Acht, dass nichts Steinisches dazu kommt. Hierauf tut man das Mark in eine große Schüssel, nimmt auf 1 Pfund Quitten ¾ Pfund Zucker und rührt es mit einer großen Kelle, immer nach einer Seite, eine gute halbe Stunde lang. Wenn es nun recht schön leicht und hell ist, so gibt man den steifen Schnee von 18 Eiern und, wenn es erlaubt ist, ungefähr den vierten Teil von einer Zitronenschale auf Zucker abgerieben, dazu, mengt alles wohl untereinander, tut es in eine Form und lässt es langsam backen.

130. Hagebuttenspeise. Hierzu nimmt man recht reise frische Hagebutten und setzt sie, nachdem sie von den Steinen und Haaren gereinigt sind, in einer Porzellan- oder Steinschüssel in den Keller, wo man sie täglich umrührt und so lange stehen lässt, bis sie anfangen, weich zu werden, so dass man sie durch ein feines Sieb treiben kann. Übrigens verfährt man damit ganz auf dieselbe Art, wie bei der Quittenspeise gezeigt wurde, nur dass man hier so viel Zucker als Hagebuttenmark nimmt.

131. Pflaumenspeise. Recht große reife Pflaumen werden in kochendes Wasser gelegt, aber nur so lange darin gelassen, bis man die Schale davon abziehen kann. Dann nimmt man sie heraus, schält sie und drückt die Steine heraus, legt die Pflaumen auf eine flache Schüsse, bestreut sie dick mit Zucker und lässt sie so mehrere Stunden liegen. Nun erst rangiert man sie in eine wohl ausgeschmierte und mit Semmel bestreute Form dicht übereinander, so dass dieselbe über die Hälfte davon voll wird, dann macht man die Creme von 9 Eiern, 1½ Tassenkopf Mehl, einem halben Quart Milch, 2 Loth fein gestoßener Mandeln und Zucker nach Gutdünken, gibt es darüber und bäckt es in einer Stunde gar. Dann wird alles noch recht dick mit Zucker bestreut und warm zu Tische gegeben.

132. Apfelspeise. Man schält und schneidet gute Bosdorfer Äpfel in ganz feine Scheibchen und belegt eine gut ausgeschmierte Mehlspeisenform über die Hälfte damit. Nun macht man von 12 Eiern, ¼ Pfund Zucker, 1 Quart Milch, 2 Tassenköpfen voll Mehl und ¼ Pfund kleiner Rosinen eine Creme, wie es bisher gezeigt wurde, gießt ihn über die Äpfel und lässt solches in einer Stunde gar backen.

133. Apfelspeise auf eine andere Art. Hierzu werden die Äpfel, nachdem man sie geschält, ganz gelassen und es wird bloß mit einem spitzigen Messer das Kernhaus herausgenommen. Dann füllt man sie mit Himbeer- oder irgendeinem anderen Mus und stellt sie einen neben den anderen und so doppelt übereinander in die Form. Hernach rührt man von 8 Eidottern mit ¼ Pfund Zucker, 4 Loth fein gestoßener Mandeln und zuletzt dem Schnee der 8 Eier eine Creme recht leicht und schäumig, tut ihn an die Äpfel und bäckt diese im Ofen schön hellgelb.

Man kann aber auch die Creme von Nr. 132 darüber machen, weil derselbe gleichfalls dazu passt.

134. Apfelmus-Gebäck. Man kocht von recht guten Mus-Äpfeln, einem Glase Wein und, wenn es sein darf, etwas abgeriebener Zitronenschale ein recht steifes Mus, welches man durch ein Haarsieb treibt und dann kalt werden lässt. Ist dieses Mus von einer halben Metze Äpfel gekocht, so nimmt man das Gelbe von 12 Eiern, 12 Loth fein gesiebten Zucker sowie ¼ Pfund kleiner Rosinen und rührt es recht leicht und schäumig, tut dann das kalte Mus, welches sehr steif sein muss, dazu, rührt es dann noch eine halbe Stunde, immer nach einer Seite, tut zuletzt den Schnee von den 12 Eiern darunter, füllt es gleich in eine Form und lässt es im wohl ausgeheizten Ofen backen. Im Fall das Mus nicht steif genug geworden ist, so nimmt man einen halben Esslöffel voll Kartoffel- oder Kraftmehl und rührt es dazu.

135. Apfelspeise mit Plinzen. Von 4 Eiern und 3 Esslöffeln voll Mehl, etwas Zucker, kleinen Rosinen und so viel Milch, als zu einem dünnen Eierkuchenteig nötig ist, bäckt man Plinzen von der Dicke eines Bogens Papier. Nachdem man sie alle fertig hat, bestreicht man sie dick mit einem recht feinen Apfelmus, rollt sie zusammen und schneidet ungefähr drei Streifen davon, setzt eine neben die andere in eine wohl ausgeschmierte Form und macht von 1 Esslöffel voll Mehl, 9 Eiern, ¼ Pfund feingesiebten Zucker und ½ Quart Sahne eine Creme, die man darüber gießt und nun solches in einen heißen Ofen schnell bäckt. Von frischen Pflaumen, welche man abschält, mit Zucker und etwas Wasser ganz weich kocht und durch ein Haarsieb schlägt, kann man die Plinzen, statt der Äpfel, ebenso bereiten.

136. Omelette soufflée. Man schlägt 16 Eier mit ½ Pfund fein gesiebten Zucker ¾ Stunden lang, dass es wie Schaum ist, und bäckt von dieser Masse Plinzen, nur hellgelb und auf einer Seite, in einer gewöhnlichen Eierkuchenpfanne. Wenn eine fertig ist, so streicht man mit einem silbernen Löffel eingekochte Himbeeren oder süße Kirschen, auch Aprikosen, Erdbeeren, kurz, was man eben hat, auf die Plinze, legt dann wieder eine darauf und verfährt eben so damit. Nachdem sie alle aufeinander liegen, nimmt man das Weiße von einem Ei, welches man von den obigen 16 Eiern zurückbehalten kann, und rührt 4 Loth feinen Zucker damit ab, bestreicht die Plinzen an den Seiten herum und setzt sie ¼ Stunde lang in einen warmen Ofen. Wenn sie herauskommen, legt man eingemachte Früchte darauf und gibt sie sogleich warm zu Tische.

137. Plinzen mit Sauce. Man bäckt, wie in Nr. 135 gezeigt worden, die Plinzen gar. Dann rollt man sie zusammen, legt sie in eine nicht ausgeschmierte Mehlspeisenform, immer über das Kreuz, bis die Form ganz voll ist. Hierauf gibt man von einer beliebigen Obstsauce so viel darüber, dass die Plinzen davon bedeckt sind, setzt sie noch ¼ Stunde in einen warmen Ofen oder zwischen unten oben Kohlen, wo sie schön durchziehen können.

138. Mandelschnitte. Man feuchtet 3 Hände voll geriebenes Milchbrot mit Sahne durch und durch an, zieht von 3 Loth süßen Mandeln die Schale ab, stößt solche mit etwas Eiweiß ganz fein, quirlt 3 Eier recht schäumig, rührt alles nebst einer Hand voll gut verlesener und am Feuer etwas ausgequollener kleiner Rosinen gut durch. Dann schneidet man Schnitte von Milchbrot, streicht von diesem Füllsel ungefähr 2 Finger dick darauf und bäckt sie in Schmelzbutter oder auch in einem Bratofen auf einem gut mit Butter geschmierten Blech rasch heraus. Wenn sie gar sind, wird eine Hagebutten-, Kirsch- oder Pflaumensauce darüber gegeben und sie mit der Schüssel noch einige Zeit warm gesetzt, damit die Sauce noch etwas durchziehen kann.

139. Rosinenschnitte. Zu diesen schneidet man die Milchbrote Daumen dick, quirlt 6 Eier mit ¼ Quart guter Milch oder Sahne und ein paar Löffel voll gesiebten Zuckers durch, legt die geschnittenen Milchbrote auf eine große flache Schüssel, gießt die Eier darüber und lässt so, nachdem man die Brote öfters umwendet, die ganze Creme hineinziehn; dann bäckt man sie wie die Mandelschnitte recht schön hellgelb. Unterdessen kocht man ½ Pfund großer und ¼ Pfund kleiner Rosinen mit Wasser, Zucker und etwas Zitronenschale recht weich, rührt zuletzt einen Teelöffel voll Kartoffelmehl mit einem großen Glase guten süßen Weines an die Rosinen, lässt es noch einmal mit aufkochen und gibt es dann über die Schnitten, wie oben gezeigt wurde. Man kann bei diesen Schnitten auch eine Milchsauce, mit Eiern abgezogen, geben. Dann muss man aber ungefähr 10–12 süße Mandeln ganz zu Brei stoßen und in die Milch und Eier tun; davon bekommen sie einen sehr angenehmen Geschmack, ganz den Mandelschnitten ähnlich.

140. Gefüllte Milchbrote. Man nimmt so viele Milchbrote, als man nötig zu haben glaubt, reibt die äußere Rinde ab, schneidet unten den Boden halb Fingers dick ab, höhlt von dem obern Teil die Krume behutsam heraus, damit man das Brot nicht zerbricht, und macht dann folgendes Füllsel: Das Abgeriebene von den Milchbroten vermischt man mit fein gestoßenen süßen Mandeln, kleinen Rosinen, Zucker und gutem Wein; von letzterem so viel, dass es die Dicke eines Kloßteiges bekommt. Dann füllt man die ausgehöhlten Milchbrote damit, bindet den abgeschnittenen Boden mit einem Faden kreuzweis darüber, legt sie auf eine große Schüssel und begießt sie mit einer Creme, die man aus Eiern, Sahne und Zucker zusammenquirlt, lässt sie durchaus weich darin werden, doch nicht so, dass sie zerfallen. Man bestreut sie dann mit dem noch übrigen geriebenen Milchbrote, bäckt sie nun in Schmelzbutter oder in dem Ofen schön hellgelb und gibt eine beliebige Obstsauce darüber. Zu der Creme, welche man über die Brote gibt, rechnet man gewöhnlich auf 2 Milchbrote 1 Ei, zu 6 Eiern ¼ Quart Milch oder Sahne und Zucker nach Gutdünken.

141. Milchbrote auf eine andere Art. Hierzu nimmt man Milchbrote, das Stück zu 2 Pfennige, reibt gleichfalls die äußere Rinde davon ab und lässt sie so ganz, wie sie sind, in der eben beschriebenen Creme ganz durch und durch weichen, bestreut sie mit der abgeriebenen Rinde und bäckt sie aus heißer Schmelzbutter schnell heraus. Auch kann man sie im Ofen backen. Dann wird eine Kirsch- oder Hagebuttensauce darüber gegeben und sie mit dieser noch eine halbe Viertelstunde in den Ofen oder an eine warme Stelle gesetzt.

142. Abgerührte Milchbrote mit Sauce. Man schneidet mit einem recht scharfen Messer die äußere Rinde von 6 Vierpfennigmilchbroten ab und die Krume in recht feinen Scheibchen in eine tiefe Schüssel, lässt ½

Quart Milch aufkochen und gießt sie über dieselbe, deckt sie zu und lässt es sich abkühlen. Unterdessen rührt man das Gelbe von 8 Eiern mit ¼ Pfund gesiebten Zucker recht leicht und schäumig, tut 4 Loth fein gestoßener süßer Mandeln, ¼ Pfund kleiner Rosinen, den Schnee der 8 Eier und zuletzt die geweichten Milchbrote hinzu, tut es in eine Eierkuchenpfanne und bäckt es zwischen unten und oben gelegten Kohlen oder auch im Ofen gar. Jede Obst- oder Milchsauce kann man dazu geben.

143. Krauser Eierkuchen. an nimmt zu einem Krausen Eierkuchen 3 Eier und quirlt sie recht schäumig. Dann rührt man einen starken Esslöffel voll Mehl mit einem Tassenkopf Milch recht glatt, gibt es zu den Eiern und salzt es ein wenig, nimmt aber ja keinen Zucker dazu. Nun nimmt man in eine Kasserolle, welche so groß ist als das Innere eines Tellers, so viel Schmelzbutter, dass dieselbe, wenn sie geschmolzen ist, wenigstens eine Hand hoch steht, lässt sie brennend heiß, jedoch nicht schwarz werden und träufelt nun mit einem Schöpflöffel den Teig hinein, schüttelt die Kasserolle immer dabei, wendet den nun ganz kraus gewordenen Kuchen um, und wenn er auch auf der anderen Seite gar ist, so legt man ihn auf den Teller, bestreut ihn dick mit Zucker und gibt ihn wie jeden andern Eierkuchen.

144. Eierkuchen. Zu einem feinen Eierkuchen nimmt man in der Regel zu 2 Eiern einen Esslöffel voll recht feines Mehl, eine Prise Salz und etwas Zucker. Das Gelbe der Eier wird mit dem Mehl und etwas Sahne fein abgequirlt, das Weiße zu dickem Schnee geschlagen, darunter gemischt und dann gleich in der Eierkuchenpfanne in recht frischer Butter gebacken.

145. Eierkuchen auf eine andere Art. Diesen behandelt man auf die nämliche Weise, wie eben gezeigt wurde, nur dass man dazu halb geriebene Semmel und halb Mehl nimmt.

146. Eierkuchen mit Wasser. Man quirlt das Gelbe von 2 Eiern mit 6 Esslöffeln voll feines Mehl, 6 Esslöffel Wasser, 2 Löffeln geschmolzener Butter und etwas Salz oder auch noch Zucker und ein wenig Zitronenschale recht glatt ab, gibt zuletzt das zu steifem Schnee geschlagene Weiße der 2 Eier dazu und bäckt ihn wie jeden Eierkuchen in der Pfanne mit guter Butter heraus.

147. Schmarn. Man nimmt 7 Eier, 7 Esslöffel voll Mehl und ½ Quart Milch und quirlt davon einen recht glatten Eierkuchenteig. Nun nimmt man in eine ziemlich große Eierkuchenpfanne ein tüchtiges Stück Butter, lässt sie heiß werden, gießt den Teig hinein und bäckt ihn auf einer Seite schön gelb, dann umgewendet ebenfalls. Wenn er nun auf beiden Seiten gar ist, so zersticht man ihn mit einer Kuchenschaufel in kleine Stückchen, lässt es mit Hinzutun von noch etwas Butter vollends ausbacken und gibt es zu gekochtem Obst oder Backobst.

148. Schmarn auf eine andere Art. Man kocht 1 Quart Milch mit einem Stücke Butter, ungefähr 4 Loth, auf dem Feuer auf und rührt während des Kochens so viel Mehl hinzu, dass der Teig ganz steif wird und sich von der Kasserolle abschält. Dann lässt man ihn kalt werden, rührt so viele Eier hinzu, bis er wie dicker Eierkuchenteig ist, salzt ihn gehörig und bäckt ihn, wie oben bei den Scharn gezeigt wurde. Diese Speise nennt man in Baiern Brandschmarn.

149. Semmelschmarn. Alte trockne Semmel weicht man in Milch oder in Wasser nur so lange, bis sie so ziemlich erweicht ist, dann drückt man sie fest aus, quirlt einige Eier (2 Stück auf eine Semmel) mit etwas Salz und gießt sie über dieselbe, worauf man sie eben so wie die vorhergehenden behandelt.

150. Dampfnudeln. Es werden 1½ Pfund Mehl mit 3 Löffeln recht dicker Bärme2 und 4 abgequirlten Eiern nebst etwas lauwarmer Milch zu einem Hebelstück angesetzt, doch so dass die Hälfte des Mehles noch um dasselbe herumliegt und etwas darüber gestreut wird, worauf man es an einer warmen Stelle gut aufgehen lässt. Unterdessen schmelzt und klärt man 12 Loth Butter und tut sie lauwarm nebst einer Prise Salz und einem gehäuften Löffel voll fein gesiebten Zucker zu dem Hebestü-

---

2 Hefe

cke, welches man mit einer breiten Kelle so lange schlägt, bis es sich von derselben abschält. Dann lässt man es wieder an einer warmen Stelle anfangen in die Höhe zu gehen. Hierauf werden mit einem Löffel kleine Klümpchen davon auf eine wohl ausgewärmtes Brett gesetzt und mit der Hand etwas rund gemacht, worauf man sie bis zur gehörigen Gare gehen lässt. Dann bestreicht man eine Kasserolle, wozu man einen ganz genau passenden Deckel hat, recht dick mit Butter, bestreut diese mit Zucker, setzt die Nudeln, eine dicht neben der andern, hinein, gießt noch einen Daumen breit warme Milch hinzu und lässt sie zwischen oben und unten gelegten Kohlen schön aufziehen und anfangen zu backen. Wenn man glaubt, dass sie lange genug gestanden haben, um nicht mehr zusammenzufallen, so sieht man nach und gibt, wenn es nötig ist, noch ein wenig Milch dazu, doch nicht zu viel, da die Dampfnudeln schön gelb sein und nur unten einen kleinen Ansatz von Milchcreme haben müssen. Wenn sie nun so weit sind, dass man sie abnehmen kann, so werden sie auf eine Schüssel, die untere Seite in die Höhe, gelegt und folgende Sauce darüber gegeben: Man kocht 1 Quart Milch mit einem Stück Zucker und legiert es mit 6 Eidotter, die man vorher mit einem Teelöffel Mehl und einigen Esslöffeln Wasser abgequirlt hat. Wenn diese Sauce noch ein wenig auf dem Feuer gezogen hat, so gibt man etwas davon über die Nudeln, die übrige aber in einer Sauciere zu Tische.

151. Bärmemehlspeise. Man rührt ein Viertelpfund recht frischer Butter zu Sahne, gibt dazu das Gelbe von 8 Eiern, 3 Hände voll recht feines Mehl, 4 Loth recht fein gesiebten Zucker, etwas auf Zucker abgeriebene Zitronenschale, das zu Schnee geschlagene Weiße der 8 Eier und 2 Esslöffel recht guter dicker Bärme, füllt es in eine gut ausgeschmierte, mit Zucker bestreute Form und setzt es an eine warme Stelle, bis es gehörig gegangen ist. Dann stellt man die Form in einen gut ausgeheizten Ofen und bäckt die Speise schön gelb. Kurz vor dem Herausnehmen wird 1 Quart Milch mit Zucker gekocht und diese um die Speise gegossen, welche, nachdem sie noch etwas im Ofen gestanden hat, auf eine Schüssel gestülpt wird.

152. Bärmekloß. Man nimmt dazu drei Viertelpfund oder eine Viertelmetze recht gut ausgetrocknetes Mehl, 2 Eier, die mit lauwarmer

Milch abgequirlt sind, 3 Esslöffel voll dicker Bärme und macht daraus ein Hebestück, wie es in Nr. 150 bei den Dampfnudeln gezeigt wurde. (Es lässt sich durchaus bei Bärmespeisen oder Backwerken die Quantität der Milch nicht bestimmt angeben, da gut ausgetrocknetes Mehl ungleich mehr Zusatz von Milch verträgt als das gewöhnliche, welches immer feucht ist, und der Teig dann zu dünn gerät, daher man mehr Mehl nehmen muss, als nötig ist. Deshalb nimmt man in der Regel nur die Hälfte Mehl zu Hebestück und verrechnet sich nie auf diese Weise.) Wenn alles recht gut aufgegangen ist, salzt man es ein wenig, gibt 4 Loth geschmolzener Butter dazu und schlägt es mit der Kelle, bis es sich von derselben abschält. Dann nimmt man diesen Teig auf ein Backbrett und knetet ihn mit Mehl noch so fest als möglich, legt ihn auf einen großen Bogen weißes Papier und stellt ihn zum abermaligen Gehen an einen warmen Ort. Unterdessen setzt man gut gesalzenes Wasser in einer Kasserolle zum Feuer und legt, sobald es kocht, den Kloß mit dem Papier hinein, deckt sie mit einem hohen Deckel zu, damit der Kloß in die Höhe steigen kann, und lässt diesen gar werden, welches man daran erkennt, dass ein hineingestochenes Hölzchen beim Herausziehen frei von Teig ist. Nun hebt man ihn heraus und schneidet mit einem starken Zwirnsfaden zwei Fingers dicke Scheiben, begießt diese mit siedend heißer Butter und gibt sie zu jeder Art Obst- oder Bratensauce; auch mit Milchsauce werden sie genossen.

153. Gebackener Bärmekloß. Man bereitet den Kloß, wie eben angezeigt wurde. Dann nimmt man abgekochtes Backobst, legt es auf den Boden einer mit Butter gut ausgestrichenen hohen Form, gießt kochende Brühe von dem Obst, welche zwar süß sein kann, aber nicht mit Mehl sämig gemacht worden ist, dazu, und zwar so viel, dass sie mit dem Obste gleich stehe, setzt den Kloß, jedoch ohne Papier, darauf, tut ihn in einen wohl ausgeheizten Ofen und bäckt ihn gehörig aus, stülpt ihn auf eine Schüssel und gibt das übrige Backobst dazu. Beim Vorlegen ist noch zu bemerken, dass er nicht mit dem Messer zerlegt, sondern mit ein paar Gabeln auseinander gerissen wird.

154. Kleine Bärmklöße. Man nimmt hierzu die nämlichen Ingredienzen, nur dass man den Teig nicht fest arbeitet, sondern dass er noch läuft, und rührt zu dieser Masse ungefähr für 6 Pfennige in Butter gebratenes Milchbrot, welches wie zu gewöhnlichen Klößen in kleine Würfel geschnitten wurde. Dann lässt man diesen Teig in der Schüssel an einem warmen Orte gut aufgehen. Ist dieses geschehen, so nimmt man einen großen Löffel, taucht ihn in kochendes Wasser und legt die Klöße damit in einen Kessel, worin gut gesalzenes Wasser fortwährend aufwallt, deckt sie gut zu und lässt sie eine Viertelstunde darin kochen. Dann wird jeder Kloß mit dem Löffel umgewendet und vollends gar gekocht. Man kann sie ganz auf den Tisch geben oder auch einmal auseinander reißen.

155. Semmelklöße. Es werden 3 Stück Vierpfennigmilchbrote fein geschnitten und mit lauwarmer Milch angefeuchtet, damit sie so weich werden, dass man sie leicht zerrühren kann. Drei Stück eben solcher Milchbrote werden auf dem Reibeisen gerieben. Alsdann rührt man 6 Loth Butter zu Sahne, gibt das Gelbe von 12 Eiern, etwas abgeriebene Zitronenschale, 2 Esslöffel voll gesiebten Zucker, etwas Salz, dann zuerst die geriebenen und nachher die eingeweichten Milchbrote dazu; rührt alles nach einer Seite tüchtig durch, tut noch eine gute Handvoll Mehl und ganz zuletzt den Schnee der 12 Eier hinein. Nun versucht man einen Kloß, indem man ihn in kochendes Wasser legt, ob er auseinander fällt oder ob er vielleicht zu fest ist. Im ersten Fall kann man noch mit etwas geriebener Semmel, im letzteren mit Eiern nachhelfen. Diese Klöße sind zu Obst- oder Nusssaucen zu geben.

156. Semmelklöße auf eine andere Art. Man weicht Milchbrote, wie oben angezeigt worden ist, ein. Die Milch darin eingezogen sein und es darf durchaus keine mehr darüber stehen. Dann gibt man das gehörige Salz dazu, lässt so viele Loth Butter, als es Milchbrote waren, recht brennend heiß werden, gießt sie darüber und rührt alles gut durcheinander, gibt auf jedes Milchbrot 1 Ei und einen halben Löffel voll Mehl hinzu; wenn es beliebt, mischt man etwas Zucker hinein und legt die Klöße dann in gesalzenes kochendes Wasser. Eine Hauptregel bei diesen – und allen – Klößen ist, dass sie nicht zu lange kochen müssen.

157. Klöße in der Serviette. Man zerschneidet 4 Milchbrote und brüht sie mit kochender Milch an, jedoch so, dass sie nur benetzt sind und nicht schwimmen. Ein Milchbrot schneidet man in kleine Würfel und bratet diese in einem guten Stücke Butter gelb und recht fett. Dan rührt man sie unter die angebrühten Milchbrote, schlägt 8 Eidotter und das zu Schnee geschlagene Weiße der 8 Eier hinzu, gibt etwas Salz und nach Belieben Zucker hinein, schmiert ein Tuch oder eine Serviette, welche vorher eine Stunde in kaltem Wasser gelegen hat, mit Butter, bindet die Masse hinein und lässt sie eine Stunde in gesalzenem Wasser kochen.

158. Noch eine Art Klöße. Man schneidet von 4 Milchbroten die Rinde fein ab und weicht die ganzen Brote in Milch ein. Unterdessen rührt man 4 Loth Butter zu Sahne, gibt nach und nach 4 Eidotter, 2 kleine Esslöffel voll Mehl, das nur leicht ausgedrückte Milchbrot und zuletzt das zu Schnee geschlagene Weiße der 4 Eier hinzu und kocht sie, wie bei den vorher beschriebenen gezeigt wurde.

159. Topfklöße. Man schneidet 3 Milchbrote und brüht sie mit ½ Quart kochender Milch an. Dann rührt man 6 Loth Butter mit dem Gelben von 6 Eiern zu Sahne, tut 3 Esslöffel voll gesiebten Zucker, etwas auf Zucker abgeriebene Zitronenschale, 4 auf dem Reibeisen geriebene Milchbrote, die abgebrühten Brote und zuletzt den Schnee der 6 Eier hinzu und rührt alles recht glatt miteinander ab. Nun schmiert man eine Puddingform mit Butter, legt mit einem runden Löffel, welchen man jedes Mal in kochendes Wasser taucht, Klöße, immer einen auf und neben den andern, in die Form, setzt sie in kochendes Wasser, wo sie 1½ Stunde brauchen, bis sie gar sind. Dann werden sie behutsam heraus genommen, um sie nicht zu zerstechen, damit sie ihre Form behalten. Man kann von ½ Quart Milch, 3 Eiern und etwas Zitronenschale sowie Zucker nach Gutdünken eine Sauce dazu machen, sie aber auch zu jeder Art Obst geben.

160. Gebrühte Klöße. Man lässt ½ Quart Milch mit 4 Loth Butter kochen und rührt so viel recht schönes Reismehl (oder in Ermangelung desselben auch gewöhnliches Mehl) hinzu, bis der Teig ganz steif ist und sich von der Kasserolle abschält, und lässt ihn dann erkalten, reibt etwas Zitronenschale auf Zucker, gibt noch etwas fein gesiebten Zucker und so viele Eier hinzu, bis der Teig wie ein gewöhnlicher, nicht gar zu weicher Kloßteig ist. Dann legt man mit einem runden Löffel Klöße in kochendes, gesalzenes Wasser, lässt sie aber nur so lange darin, bis sie in die Höhe kommen, und nimmt sie, nachdem man sie vorher geprobt hat, heraus und bringt sie gleich zu Tische.

161. Bairische Grießklöße. Man nimmt 1 Pfund Krakauer Grieß in eine Schüssel und salzt ihn so viel, als nötig ist. Dann wird er mit kochender Milch angebrüht, aber nur so viel, dass er noch ganz steif ist, wie ein abgebrühter Teig sein muss. Unterdessen, dass er kalt wird, schneidet man 3 Milchbrote in kleine Würfel und röstet sie in Butter gelb und gehörig fett, quirlt 2–3 Eier und rührt sie nebst den gebratenen Milchbroten zu dem Grieß, taucht die Hände in reines, kaltes Wasser und formiert runde Klöße so groß als ein großer Apfel. Dann legt man sie in kochendes und gehörig gesalzenes Wasser und kocht sie so lange, bis, wenn man einen davon aufschneidet, er in der Mitte nicht mehr teigig ist. Diese Klöße isst man zu Schmor- oder andern Braten, wobei sie die Stelle der Kartoffeln vertreten.

162. Kartoffelklöße. Die Kartoffeln, welche recht schön mehlig sein müssen, kocht man den Tag zuvor, ehe man die Klöße machen will, ab; kurz vor dem Gebrauch werden sie gerieben und von allen Stückchen sorgfältig gereinigt. Nun rührt man ¼ Pfund Butter mit 5 Eiern zu Sahne, schneidet 2 Milchbrote in Würfel und röstet sie in Butter gelb, nimmt 1 ¼ Pfund von den geriebenen Kartoffeln und rührt sie gleichfalls nebst dem Schnee der 5 Eier dazu, macht runde Klöße und kocht sie in gesalzenem Wasser in 8–10 Minuten gar.

163. Kartoffelspeise. Nachdem man die Kartoffeln wie zu den oben beschriebenen Klößen bereitet hat, rührt man ¼ Pfund fein gesiebten Zucker mit dem Gelben von 8 Eiern recht leicht und schäumig, gibt ungefähr, wenn es der Arzt nicht durchaus verboten hat, den vierten Teil einer auf Zucker abgeriebenen Zitronenschale sowie 4 Loth ganz zu Brei gestoßene süße Mandeln, ¾ Pfund von den geriebenen Kartoffeln und zuletzt das zu steifem Schnee geschlagene Weiße der 8 Eier dazu, füllt es in eine dick mit Butter geschmierte und mit Milchbrot bestreute Form und bäckt es in einer Stunde gar. Eine Obst- oder Weinsauce dazu gegeben, ist dies eine der feinsten Mehlspeisen.

164. Kartoffelspeise mit Hering. Man wäscht 1 großen oder 2 kleine Heringe recht rein, zieht die Haut davon und legt sie eine Stunde in süße Milch. Dann werden sie herausgenommen, recht rein abgetrocknet, von allen Gräten befreit, in ganz feine Stückchen gehackt und in einem Stückchen Butter ein wenig gedämpft. Indessen rührt man ¼ Pfund Butter zu Sahne, schlägt nach und nach das Gelbe von 8 Eiern dazu, rührt ½ Quart Sahne und 1½ Pfund geriebene Kartoffeln, nebst einem Tassenkopf voll feines Mehl, welches man mit einer Tasse Milch abquirlt, damit es nicht zu klumpig wird, dazu, gibt den Hering und ganz zuletzt den Schnee der 8 Eier hinzu, füllt es in eine Form und bäckt es in mäßiger Hitze gar. Man kann diese Speise mit einer Sardellensauce oder auch trocken servieren.

165. Spiegeleier mit Hering. Man wäscht den Hering recht rein, schneidet ihm den halben Kopf schräg durch, zieht im die Haut ab und legt ihn so mehrere Stunden in süße Milch. Dann setzt man ein Stück Butter in einer zinnernen Schüssel auf Kohlen, und wenn die Butter recht heiß ist und anfängt gelb zu werden, legt man den von aller Milch befreiten und mit einem reinen Tuche abgetrockneten Hering hinein, lässt ihn auf der einen Seite gelb braten und wendet ihn dann um. So wie dieses geschehen, schlägt man recht frische Eier um den Hering herum in die Butter und lässt sie so lange auf den Kohlen, bis das Weiße steif, die Dotter jedoch noch ganz weich sind. Dann bringt man sie gleich mit dieser Schüssel, welche man auf eine andere stellt, zu Tische.

166. Eier in Sauce Man macht nach Nr. 36 eine braune Sardellensauce, jedoch nicht dick. Wenn dieselbe gar, aber noch im Kochen ist, so schlägt man schnell so viel Eier, als man haben will, hinein und wendet sie schnell um, damit sie zwar außen steif, jedoch die Dotter ganz weich bleiben. Dann legt man sie auf eine Schüssel heraus, damit sie wieder kalt werden, und legiert die Sauce noch mit einigen Eiern, gibt sie über diese gekochten Eier und schnell damit zu Tische.

Siebenter Abschnitt

Von der Zubereitung der Pasteten

167. Feiner Blätterteig. Man nimmt 1 Pfund Butter auf das Backbrett, bildet einen runden Berg davon und macht in die Mitte desselben ein Loch, worein man ein mit Salz abgequirltes Ei, ein Stückchen Butter, vielleicht wie ein Hühnerei groß, und ein Trinkglas voll Wasser tut. Man rührt nun alles zuerst mit dem Wasser durcheinander und knetet es mit den Händen zu einem glatten festen Teig, welcher, wenn man einen runden Ballen davon gewürkt hat, etwas aufsteht. Dann wird er ungefähr eines kleinen Fingers dick ausgerollt (gemangelt) und 1 Pfund Butter, welches die Nacht hindurch in Wasser gelegen hat und zwischen 2 Tüchern ganz von allem Wasser befreit ist, darauf gelegt. Der Teig wird ganz darüber geschlagen und nun so 3 Mal ausgerollt und immer wieder zusammengeschlagen. Dann lässt man ihn die Nacht hindurch in dem Keller stehen und gebraucht ihn dann zu den feinen Pasteten.

168. Blätterteig auf eine andere Art. Hierzu nimmt man 1 Pfund Butter, 1½ Pfund Mehl, 2 Tassenköpfe voll Wasser, 2 Eier und etwas Salz. Damit wird nun auf die nämliche Weise verfahren, wie bei dem vorigen Nr. 167 gezeigt wurde. Dieser Teig kann zu allen Pastete und auch zu Obsttorten gebraucht werden.

169. Blätterteig mit Sahne. Man nimmt ¾ Pfund recht feines Mehl in eine Schüssel, schlägt das Gelbe von 3 Eiern, 3 Esslöffel voll guten Wein und ¼ Quart warme Sahne dazu, rührt alles durcheinander und nimmt es darauf auf das Backbrett heraus, wo es zu einem festen Teig geknetet wird. So lässt man ihn eine Stunde ruhen. Dann wird er ausgerollt, die halbe Seite des Teiges mit ¾ Pfund recht abgetrockneter und in Stücken zerpflückter Butter belegt, die andere Hälfte des Teiges darüber geschlagen, dann noch einmal zusammengeschlagen und so dreimal wiederholt. Dann lässt man ihn eine oder zwei Stunden im Keller stehn, wo er dann zu allen beliebigen Speisen zu gebrauchen ist.

170. Butterteig mit Bärme. an nimmt 1 Pfund Mehl, ¾ Pfund Butter, welche man in das Mehl schneidet und mit 1 Ei, einem starken Löffel voll dicker Bärme und lauer Milch zu einem festen Teige knetet, der sich rollen lässt. Die Hälfte der Butter behält man zurück und schneidet sie auf diesen Teig; dann verfährt man damit, wie bei dem vorhergehenden, nur dass man diesen nicht ruhen lässt, sondern sogleich gebraucht, damit die Bärme ihre Wirkung nicht verliert.

171. Gebrannter Teig. Zu diesem Wasserteige nimmt man 2 Pfund Mehl, ungefähr ½ Pfund Butter, welche man in kleine Stücke pflückt, und gibt dann immer etwas kochendes Wasser löffelweise hinzu, bis man den Teig ganz damit durchgearbeitet hat und er, wenn man ihn mit der Hand etwas aufzieht, fest stehn bleibt. Man gebraucht ihn nur zu solchen Pasteten, wovon der Teig nicht mit gegessen wird, sondern nur zur Façon dient.

172. Wasserteig auf eine andere Art. Von 1 Pfund Mehl, ½ Pfund Butter, 2 Eiern und etwas kaltem Wasser macht man einen eben so festen Teig und gebraucht ihn zu kalten Pasteten. Dieser kann auch von der Dienerschaft gespeist werden, da er recht gut schmeckt, aber nur etwas fest ist.

173. Süßer Teig zu Torten. Man nimmt 1 Pfund Mehl auf ein Backbrett, macht in die Mitte ein Loch und schneidet 28 Loth frische Butter, das Gelbe von 4 Eiern, etwas auf Zucker abgeriebene Zitronenschale und ½ Pfund fein gesiebten Zucker dazu, reibt mit den Händen den Teig zusammen, knetet einen runden Ballen, lässt ihn ein paar Stunden im Keller steif werden und verbraucht ihn dann zu Torten und Kuchen.

174. Süßer Teig zu Torten auf eine andere Art. Dazu nimmt man ½ Pfund Mehl, 10 Loth Butter, das Gelbe von 2 Eiern, ungefähr 2 Hände voll fein gesiebten Zucker und 2 gute Esslöffel voll süßer Sahne. Man bereitet diesen Teig ganz wie den vorigen und kann ihn auch auf die nämliche Weise gebrauchen.

175. Süßer Teig zu Torten auf eine dritte Art. Zu 1 Pfund Mehl schneidet man ½ Pfund Butter, quirlt 1 Ei recht schäumig und tut es nebst einer Prise Salz und 4 Loth fein gestoßenem Zucker dazu, reibt den Teig schön durch und tut, wenn er zu trocken ist, noch etwas Wein oder Sahne hinzu.

176. Pastete von Hühnern. Wenn die Hühner recht rein geputzt und ausgewaschen sind, schneidet man sie in vier Teile und legt sie in eine Kasserolle, worin ein Stück Butter geschmolzen wurde, gibt nach Verhältnis fein gehackte Sardellen und etwas Zitronenschale hinzu, auch etwas rein geputzte und in Wasser weich gekochte Wurzeln, lässt alles gut durschwitzen, gießt etwas guten Bouillon darüber und kocht sie gar. Unterdessen wird eine Pastete nach Nr. 164 aufgerollt, mit einer Serviette ausgefüllt, mit Eigelb bestrichen und hellgelb gebacken. Wenn sie fertig ist, nimmt man sie behutsam ab, legt die Hühner zierlich in dieselbe, gibt kleine Semmelklößchen, etwas weich gekochte Kälbermilch und Gaumen dazwischen, legiert die Sauce, worin die Hühner gekocht worden, mit Eidottern, gibt einige Löffel voll darüber, legt den Deckel wieder darauf und gibt sie so auf den Tisch. Die übrige Sauce wird besonders dabei gegeben.

177. Pastete von Tauben. Diese werden ganz auf die nämliche Art zubereitet wie die jungen Hühner, nur dass viele die Tauben bloß die Hälfte durchschneiden, da sie gewöhnlich kleiner sind, indem man immer nur ganz junge Tauben dazu nimmt. Jeder Blätterteig ist hierzu passend.

178. Pastete von Tauben auf eine andere Art. Man schlachtet die Tauben und fängt das Blut in etwas Wein auf. Dann werden sie in Viertel geschnitten und in einem Stücke Butter ganz dunkelgelb geschwitzt. Wenn sie diese Farbe haben, so gibt man halb Wasser, halb roten Wein nebst etwas Zitronenschale dazu und lässt es damit durchkochen, rührt ein wenig Kartoffelmehl mit kaltem Wasser an, gibt das aufgefangene Blut dazu, und wenn es in der Farbe noch nicht braun genug ist, so brennt man in einem blechernen Löffel etwas gestoßenem Zucker, tut ihn noch hinzu und lässt es nun noch ein paar Mal aufkochen. Unterdessen muss man sich die Pastete von irgendeinem der vorher beschriebenen Blätterteige zubereitet, die Tauben hineinlegen und etwas Sauce darüber, die übrige aber in der Sauciere allein geben.

179. Pastete von Kalbfleisch. Zu dieser bereit man sich ein schönes Frikassee nach Nr. 59, verziert es gut mit Klößchen, Morcheln, Kälbermilch, Ochsengaumen und macht von dem Nr. 167 beschriebenen Blätterteige mit Bärme eine Pastete, legt das Frikassee zierlich hinein und gibt es, wie bei den übrigen gezeigt wurde.

180. Pastete von Hasen. Wenn der Hase von allen Häuten befreit ist, so löst man das Fleisch recht schön von Rücken und Keulen, schneidet es in Stückchen, wie man sie vorlegen will, und rangiert sie in einer Kasserolle, gießt etwas roten Wein darüber, salzt so viel, wie nötig ist, gibt etwas Zitronenschale hinzu und lässt sie so die Nacht hindurch stehen, oder auch nur 3–4 Stunden. Dann gibt man zu einem Hafen ¼ Pfund Butter und etwas Bouillon und setzt ihn auf Kohlen, wo er dämpfen kann. Vorher muss man sich schon eine Pastete von dem in Nr. 171 gezeigten Wasserteige verfertigt haben, welche man auf folgende Weise macht: Man rollt den Teig eines Fingers dick aus, schneidet nach einer Schüssel, die man darauf legt, die Größe der Pastete, dann macht man einen handhohen Streifen, indem man vorher aus dem Teige eine Welle mit der Hand dreht, sie dann gleichfalls mit dem Mangelholze eines Fingers dick rollt und an beiden Seiten gleich schneidet. Nun bestreicht man den Boden der Pastete, welchen man auf ein Backblech gelegt hat, mit Ei, stellt den Rand so darauf, dass man den Boden einen guten Daumen breit auf den Rand herauf decken kann, und befestigt ihn, indem man mit der einen Hand von innen und mit der andern von außen hilft, und wenn er recht gut angedrückt ist, so macht man eine Kante durch Einschnitte oder Kniffe daran, füllt diese Teigform mit reinen Tüchern aus, legt Papier oben darauf und macht dann einen Deckel von Teig darüber, welchem man gleichfalls allerlei Verzierungen gibt, stellt ihn in einen nicht ganz heißen Ofen und lässt die Pastete so, nachdem man sie vorher mit Ei bestrichen hat, trocknen. Ist dieses geschehen, so macht man eine leichte Farce, gerade wie zu den Klößchen Nr. 16, nur dass man hier recht fein gehacktes Kalbfleisch nimmt, welches erst etwas in Butter gedämpft ist. Damit bestreicht man nun den Boden der Pastete und legt dann den unterdessen durchgeschwitzten Hasen darauf, nun wieder von der Farce und wieder Hasen und so fort, bis er alle ist. Man kann auch kleine Klößchen von der Farce dazwischen legen, da von andern Ingredienzien, welche man gewöhnlich zu dergleichen nimmt, hier nichts erlaubt ist. Nun legt man den Deckel wieder darüber, macht aber eine ganz kleine Öffnung, damit der Dampf heraus kann, und bäckt sie in 1 Stunde gar. Von der Sauce, worin der Hase geschwitzt wurde, muss man das Fett abschöpfen, welches man auf die letzte Lage der Pastete füllen kann, und die übrige Sauce mit Sardellen und etwas braunem Mehl aufkochen und sie besonders damit zu Tische geben.

181. Pastete von Wildbret. Hiezu nimmt man gern das Fleisch aus der Keule, woraus man kleine Stückchen schneidet, wie zu den Fricandeaux, tut etwas Salz darauf und klopft sie mit dem Messerrücken, hierauf legt man sie in eine Schüssel, gießt etwas roten Wein darauf und lässt sie, wie bei den Hasen gezeigt wurde, die Nacht hindurch stehen. Den andern Tag nimmt man dieselben heraus, wendet sie in Mehl um und legt sie in eine Kasserolle, worin Butter heiß gemacht wurde. Hierin schwitzt man sie nun etwas, dann gießt man halb Bouillon und halb von dem Wein, worin die Stückchen Fleisch gelegen oder auch wohl frischen dazu, schneidet ein paar Mohrrüben in Scheiben, tut dieselben nebst einer Rinde von schwarzem Brot auch daran, und lässt alles durchschwitzen. Unterdessen muss man sich schon eine Pastete von dem gebrannten Teig, wie oben bei der Hasenpastete gezeigt wurde, verfertigt haben sowie auch eine Farce von etwas Wildfleisch und Klößchen. Dieses alles rangiert man nun in diese Form, immer mit dem gedämpften Fleisch und der Farce abwechselnd, doch muss unten und oben Farce sein, gibt das obere Fett von der Sauce, worin das Wild gedämpft wurde, mit einem Löffel darüber, und nachdem der Deckel darauf ist, bäckt man sie in 1 Stunde in einem nicht allzu heißen Ofen gar. Hierzu kann man eine braune Sardellensauce nach Nr. 36 machen, wozu man aber den Wild-Jus verwendet.

182. Pastete von Rebhühnern. Diese Pastete wird ganz auf die nämliche Weise bereitet, wie bei den vorhergehenden gezeigt wurde, doch machen auch viele die Form von Blätterteig, um diesen mitessen zu können, da die Rebhühner nicht so ergiebig sind, als anderes Wild. Sanft ist es immer Regel, jede Art Wild in gebranntem Wasserteig zu geben. Auch der Teig

Nr. 172 ist sehr passend dazu. Von Lerchen, Krammetsvögeln und sonstigem Wild kann man immer auf die nämliche Weise damit verfahren und es bleibt die Wahl des Teiges jedem selbst überlassen.

183. Pastete von Schnepfen. Hierzu verfertigt man eine Pastete von feinem Blätterteig, dann nimmt man die Schnepfen aus und halbiert sie, legt sie gleich den Hasen eine Nacht hindurch in Wein und bereitet den andern Tag folgenden Jus: Man hackt die Eingeweide von den Schnepfen recht fein, röstet ein paar Löffel voll Mehl und eben so viel geriebene Semmel gelb, tut das Gehackte dazu, schwitzt es noch mit durch, gibt dann den Wein, worin die Schnepfen gelegen, nebst etwas Bouillon darauf und lässt es aufkochen. Nun legt man die Schnepfen hinein und lässt sie gar werden, welches bald geschehen ist, nimmt sie dann wieder heraus und legt sie in die Pastete, tut ein paar Löffel voll von der Sauce darüber und gibt die übrige besonders zu Tische.

184. Pastete von Hechten. Man nimmt so viel Fische, dass man, nachdem man sie geschuppt, auseinandergerissen und von allen Gräten sorgfältig befreit hat, so viel übrig behält, um Farce und Klößchen davon bereiten zu können. (Letztere müssen aber, wie bei jeder Pastete, erst abgekocht werden.) Nun setzt man eine Pastete von gutem Blätterteig auf, gibt von der nach Nr. 17 verfertigten Farce eines Fingers dick hinein, legt dann die Stückchen Fisch (welcher vorher wenigstens zwei Stunden in Salz gelegen und mit einem Tuche wieder recht rein getrocknet worden) darauf, auf jedes derselben ein kleines Stückchen Butter, dann die Farce, und so fort, bis es genug ist, macht den Deckel darüber und bäckt sie in 1½ Stunden schön hellgelb gar, hebt den Deckel behutsam ab, tut die Klößchen nebst etwas weißer Sardellensauce dazu, legt ihn wieder darüber und bringt sie mit weißer Sardellensauce zu Tische.

185. Pastete von Karpfen. Wenn der Karpfen von allen Schuppen gereinigt ist, reißt man ihn auseinander und schneidet ihn in schmale Stücken, salzt ihn nur ein wenig und gießt roten Wein darüber, worin man ihn 2 bis 3 Stunden liegen lässt. Unterdessen macht man von dem Abgang des Fisches, als: Kopf, Schwanz und noch etwas von den anderen Stücken, eine Farce, man schabt das Fleisch ab, nimmt alle Gräten heraus und hackt es mit einigen Sardellen und etwas Zitronenschale recht fein, nimmt 3 Loth Butter, rührt sie zu Sahne, gibt etwas geriebene Semmel und ein paar Eier, nebst dem gehackten Fischfleisch dazu und kostet, ob es von Geschmack gut ist. Nun schmiert man eine runde Mehlspeisenform recht dick mit Butter, belegt an den Seiten herum den Rand mit Blätterteig nach Nr. 167, tut nun die Hälfte von der Farce in die Form, legt den Fisch darauf herum, gießt etwas von dem Wein dazu, dann die übrige Farce, macht einen Deckel darüber von dem nämlichen Blätterteig, bäckt die Pastete in einem wohl ausgeheizten Ofen in ¾ Stunden gar und gibt sie nun in der Form und mit einer Sardellensauce zu Tische.

186. Pastete von Bärmeteig. Es wird ½ Pfund Butter zu Sahne gerührt, nach und nach das Gelbe von 6 Eiern und das zu Schnee geschlagene Weiße dazu getan, nimmt einen Tassenkopf voll lauwarmer Milch, 4 Esslöffel voll Bärme und so viel Mehl, dass der Teig so dick wie der eines Napfkuchens ist, salzt ihn, so viel als nötig ist, und tut ihn in eine Form, welche man vorher mit Butter ausgeschmiert und mit geriebener Semmel bestreut hat, lässt ihn auf einer warmen Stelle gehörig gehen und bäckt ihn dann in einem wohl ausgeheizten Ofen gar. Wenn man die Pastete herausgenommen hat, so stülpt man sie auf die Schüssel, schneidet den Boden davon ab und höhlt alle Krume heraus, füllt ein beliebiges Fricassee von zahmen Federvieh oder Kalbfleisch in die ausgehöhlte Pastete, legt den Deckel wieder gut darauf und bringt es mit der Sauce von dem Fricassee zu Tische.

187. Kleine Farcepasteten. Man hackt 1 Pfund recht zartes Kalbfleisch ganz fein, rührt ½ Pfund Butter zu Sahne, tut das Gelbe von 6 Eiern, ¼ Pfund gut ausgewässerte und fein gehackte Sardellen, den Schnee der 6 Eier und geriebene Semmel, so viel, als zu einem feinen Kloßteig nötig ist, dazu, kostet die Farce, ob sie gehörig gesalzen ist, und füllt nun die kleinen Pastetchen damit an. Hierzu nimmt man einen von den angezeigten Blätterteigen, womit man kleine Kupfer- oder Blechformen auslegt, tut einen Löffel voll Farce hinein, macht einen Deckel von Teig darüber, schneidet ihn mit einem Messer rund ab, bestreicht sie mit Ei und setzt diese kleine Formen alle auf ein Blech, wo man sie dann in einem Ofen in 1½ Stunden, die dazu nötig sind, gar backen lässt.

Achter Abschnitt

Von der Zubereitung der Braten

188. Kälberbraten. Von einer Kalbskeule haut man das untere lange Bein ab, welches man mit dem Suppenfleisch kochen kann, klopft sie mit einem hölzernen Schlägel recht mürbe, wäscht sie ab, legt in die Bratpfanne ein sogenanntes Bratengitter oder in Ermangelung desselben einige abgebrochene Kellen in die Quere hinein und den Braten darauf, salzt ihn gehörig, gibt etwas Wasser unten in die Pfanne und stellt ihn so in den Bratofen. Nun wird sogleich (zu einem großen Braten kann immer 1 Pfund nehmen) Butter geschmolzen, bis sie gelb ist. Diese setzt man nun neben oder auf den Bratofen, begießt den Braten damit und wiederholt dies so oft als möglich. Ist die Butter verbraucht und fängt der Braten an gelb zu werden, so kann man auch immer noch etwas kochendes Wasser zugießen, damit man Sauce erhält, doch darf nicht zu viel zugegossen werden, denn ein guter Kalbsbraten erfordert auch gute Sauce.

Man kann auch die Butter in Stücken auf den Braten, nachdem er gesalzen ist, herumlegen und in den Ofen so abschmelzen lassen. Übrigens muss er fortwährend begossen werden. Das Umwenden des Bratens ist indes gar nicht nötig, denn er wird immer viel schöner, wenn er mit der oberen Seite nie in die Sauce kommt. Man muss darauf sehen, dass er nicht tief in der Brühe liegt, denn sonst wird die untere Seite gewöhnlich schlecht. Wer einen Kalbsbraten ganz nach französischer Manier braten will, muss gar kein Wasser in die Pfanne tun, sondern denselben in bloßer Butter braten, wo man denn natürlich keine irdene, sondern am besten eine eiserne Pfanne nehmen muss; nur dann, wenn der Jus zu braun werden will, kann man etwas Wasser zugießen. Auch darf der größte Braten nicht länger als 2 Stunden braten, und zwar in einem glühend heißen Ofen. Hat man ein Nierenstück, so ist bloß dabei zu bemerken, dass man dasselbe mit der Niere nach oben in den Ofen stellt und auch eben so auf die Tafel bringt.

189. Hammelbraten. Dieser wird gleichfalls recht tüchtig geklopft, damit er recht mürbe wird. Dann macht man die oberste Haut etwas davon ab, salzt ihn gehörig und setzt ihn mit kaltem Wasser in einen mäßig heißen Ofen, wo derselbe 1 Stunde lang nur langsam braten darf. Später wird er bei größerer Hitze gar gebraten. Auch darf der Hammelbraten nie zu wenig Sauce haben, da er gewöhnlich schwer weich wird. Eine Hauptregel ist, dass man nie frischgeschlachtetes Hammelfleisch nehme, sondern es so lange, als dasselbe gut bleibt, hängen lässt.

190. Hammelbraten mit Gurken. Man verfährt damit, wie eben bei dem Hammelbraten gezeigt wurde. Eine Stunde, bevor man ihn anrichtet, füllt man alles Fett so ziemlich ab, schneidet zu einer Keule 2 abgeschälte frische Gurken, eben so wie zum Salat, in die Sauce, lässt dieselben nun damit ganz zusammen braten und schlägt die Sauce zuletzt durch ein Haarsieb und serviert sie zum Braten, welchen man mit kleinen, ganzen, etwas gelb gebratenen Kartoffeln garniert.

191. Hammelbraten mit Birnen. Dieser wird ganz auf dieselbe Weise im Ofen gebraten. Wenn man ihn ungefähr 1 Stunde im Ofen hat (3 Stunden braucht eine Hammelkeule gewöhnlich), so legt man in die Pfanne, neben den Braten, frische abgeschälte Birnen, wie man sie zum Kochen gewöhnlich nimmt, bis die Pfanne ganz belegt ist, bratet nun die Keule unter fortwährendem Begießen gar und gibt sie dann mit den Birnen garniert zu Tische.

192. Hirsch- oder Rehziemer. Nachdem der Ziemer etwas abgewaschen ist, wenn er vorher in Salzwasser ziemlich lange gelegen hat, schneidet man alles Unreine ab und löst mit einem recht scharfen Messer alle Häute von demselben ab, legt ihn mit Butter bedeckt in eine Bratpfanne, gießt etwas kochendes Wasser auf den Boden derselben, salzt den Braten gehörig, stellt ihn in einen gut ausgeheizten Ofen und begießt denselben so oft als möglich. Auch kann man ihn mit süßer Sahne begießen, was jedoch nur abwechselnd geschehen darf. Wenn er gar ist, so nimmt man halb geriebene Semmel und halb Roggenbrot, begießt den Braten recht gut mit der Sauce, bestreut ihn ganz dick mit dieser Mischung, welche etwas gesalzen sein muss, und begießt ihn mit saurer dicker Sahne, lässt ihn noch etwas gelb werden und bringt ihn dann zur Tafel. Auf diese Weise kann man ihn auch am Spieße braten.

193. Hirsch- oder Rehkeulen. Diese werden ganz auf dieselbe Weise abgehäutet und mit Butter und Sahne gebraten. Wenn man die saure Sahne weglassen will oder vielleicht auch die Süße nicht gern hat, so kann der Braten ganz mit Butter begossen, zuletzt nur mit geriebener Semmel bestreut und mit dem Fetten der Sauce begossen werden.

194. Gebratene Rebhühner. Wenn diese von allen Federn gereinigt sind, so schneidet man sie oben dicht unter dem Keulchen auf, nimmt sie aus, wäscht sie gehörig, steckt dann den Fuß in die Öffnung und verfährt auf der anderen Seite auf eben diese Weise, damit die Brust des Huhns recht in die Höhe gehoben wird, und legt sie dann in eine Kasserolle, in welcher man schon Butter gelb gemacht hat, setzt sie damit auf starkes Kohlenfeuer und lässt sie unter beständigem Begießen recht saftig gar werden. Sie können auch mit Sahne begossen werden. Krammetsvögel und Schnepfen werden eben so behandelt, nur dass dieselben nicht ausgenommen, sondern mit den Eingeweiden gebraten werden.

195. Hasenbraten. Wenn der Hase ausgebalgt und abgehäutet ist, so wird er mit Butter gebraten, wie bei dem Hirschziemer gezeigt wurde, und da man denselben nicht spicken darf, so bekommt er durch das geriebene Brot wenigstens etwas Ansehen. Auch darf man die Butter dabei nicht sparen. Zu einem Hasen kann man 1 Pfund Butter rechnen.

196. Hasenbraten auf französische Art. Man häutet den Hasen recht rein und haut ihn in kleine Stücken. Dann tut man ½ Pfund Butter, eine Handvoll in feine Scheiben geschnittener Mohrrüben, etwas Salz, Zitronenschale und halb roten Wein halb Wasser, dass es mit dem Hasen gleichsteht, nebst der Rinde von einem Stück schwarzes Brot in eine Kasserolle, deckt einen Deckel, den man mit Papier verklebt, fest darauf, setzt ihn so in den heißen Bratofen und lässt ihn 1½ Stunden schmoren. Nun wird er herausgenommen, die Sauce noch mit etwas gebranntem Zucker gefärbt, durch ein Sieb geschlagen und über den Hasen gegossen, und dazu von den kleinen Bärmeklößen gegeben. Man kann von jedem Stück Wild kleine Fricandeaux schneiden, sie recht tüchtig klopfen, etwas in Mehl umwenden und dann auf die nämliche Weise dämpfen, die Sauce mit etwas braunem Mehl verlängern und zu solchen trockne Mehlspeisen geben.

197. Putenbraten. Man schlägt dem Puter vor dem Ausnehmen den Brustknochen ein, schneidet die Halshaut, wo das Rote aufhört, rundum ab und hackt weiter unten den Hals durch. Dann nimmt man den Kropf heraus, schneidet den Puter hinten gegen den Rücken auf und nimmt ihn rein aus, legt ihn in frisches Wasser und lässt denselben so einige Stunden liegen. Unterdessen macht man eine Farce von der Leber, dem Magen und dem Herzen des Puters, tut, weil man viel Masse zur Füllung braucht, noch etwas kalten Braten dazu, hackt es recht fein, schwitzt einige Hände voll geriebener Semmel in Butter gelb, tut diese nebst so viel Eiern, als zu einem feinen Kloßteig nötig sind, dazu, rührt es recht gut durch und füllt es in den Kropf. Dann wird der Puter mit Butter und Wasser gebraten.

198. Kapaunenbraten. Mit diesem verfährt man ganz auf die nämliche Art, nur dass man den Kopf daran lässt und ihn dem Kapaun unter einem Flügel steckt. Übrigens füllt man den Kropf auf die nämliche Weise. Wer aber das Süße vorzieht, der kann auch zum Füllsel die Butter zu Sahne rühren, etwas Zitronenschale, Zucker und kleine Rosinen dazu tun und dann so viel Eier und Semmel, als nötig sind, auch einige süße Mandeln dazu nehmen.

199. Fasanenbraten. Man schneidet dem Fasan den Kopf ab und bewahrt diesen auf, sowie auch die Schwanzfedern. Dann wird er mit Butter in einem Bratofen oder am Spieß gebraten, jedoch darf niemals die Butter gespart, sondern der Fasan muss unaufhörlich damit begossen werden. Ist er gar, wozu es gewöhnlich nur einer Stunde bedarf, so steckt man ihm den Kopf wieder auf und legt eben so die Federn mit auf die Schüssel. Soll der Fasan weiß gebraten werden, so bindet man ihn in weißem, stark mit Butter beschmierten Papier ein und begießt ihn dennoch immerwährend, bis er weich ist. Dann bringt man ihn eben so auf die Schüssel, wie oben gezeigt wurde.

200. Gebratene Lerchen. Diese werden in einer Kasserolle oder am Spieß mit Butter gebraten und mit geriebener Semmel bestreut; sie dürfen nicht lange braten, indem sie sonst zu sehr austrocknen und dadurch an Geschmack verlieren. Auf diese Weise werden alle Vögel behandelt.

201. Gebratene junge Hühner. Diese werden, wie bei den Rebhühnern Nr. 194 gezeigt wurde, zugerichtet. Nun steckt man sie an den Bratspieß oder man macht Butter in einer Kasserolle heiß, legt die Hühner hinein und setzt sie auf Kohlenfeuer, wo man sie öfters umwenden muss, damit sie schnell braten und saftig werden. Am Spieß werden sei beständig begossen, und wenn sie schön gelb sind, mit geriebener Semmel bestreut, auf einen durchlöcherten Löffel ein Stück Butter gelegt, einige glühende Kohlen darauf und dann diese Butter so langsam auf die bestreuten Hühner geträufelt.

202. Gebratene Tauben. Wenn man die Tauben braten will, so verfährt man damit ganz so, wie oben bei den Hühnern gezeigt wurde. Wenn sie jedoch gefüllt werden sollen, so wird, wenn der Kropf herausgezogen ist, die Haut von dem Fleische durch die ganze Brust recht behutsam abgelöst, damit man kein Loch hinein reißt. Nun macht man den Semmelklößchenteig von Nr. 14, gibt noch etwas Zucker und kleine Rosinen dazu, füllt mit einem Teelöffel die Farce in die Tauben, bindet diese fest zu und bratet sie in der Kasserolle oder in dem Bratofen gar. Wer kein Freund von süßer Farce ist, der kann auch die Lebern, Herzen und das magere Fleisch von den Tauben hacken und zum Füllsel nehmen.

203. Tauben wie Rebhühnern zu braten. Hierzu muss den Tauben der Hals nur umgedreht werden, ohne dass man den Kopf abreißt oder sie bluten lässt. Dann werden sie gerupft und ausgenommen ebenso wie Hühner. Nachdem sie ausgewaschen sind und alles Wasser davon abgelaufen ist, legt man sie in Wein, worin sie zwei Tage unter öfterm Umwenden liegen bleiben. Hernach werden sie wie Rebhühner gebraten, nur dass man zu der Butter beim Braten, statt Wasser, hier etwas Wein zugießt.

Neunter Abschnitt

Von der Zubereitung verschiedener Backwerke

204. Brottorte. Man reibt 6 Loth schwarzes Roggenbrot, träufelt den Saft von einer Apfelsine darüber, und sollte es nicht ganz damit befeuchtet sein, so gibt man ein paar Löffel voll Wein dazu; doch darf es nicht zu nass, sondern nur befeuchtet sein. Unterdessen rührt man 8 Eidotter mit ¼ Pfund fein gesiebtem Zucker und ¼ Pfund abgezogener und mit etwas Eiweiß ganz zu Brei gestoßener süßer Mandeln zusammen, reibt etwas Zitronenschale auf Zucker ab und tut es nebst dem angefeuchteten Brote und dem Schnee der 8 Eier dazu, schmiert eine Tortenform mit Butter, bestreut sie mit schwarzem Brote, füllt die Masse hinein und bäckt sie in einem gut durchheizten Ofen langsam gar. Man kann mit dem Weißen eines Eies, welches man mit 4 Loth ganz feinen Zucker dick rührt und einige Tropfen Apfelsinensaft dazu drückt, nachher die Torte, wenn sie etwas kalt geworden ist, bestreichen, dann noch einmal zum Trocknen in den Ofen stellen und hierauf mit Früchten garnieren.

205. Mandeltorte. Man stößt ½ Pfund süßer Mandeln mit dem Weißen von den Eiern, welche man zu der Torte nimmt, ganz zu Brei. Dann rührt man 10 Eidotter mit ½ Pfund Zucker und den gestoßenen Mandeln ganz leicht und schäumig, tut 3 Loth geriebenes Milchbrot, etwas auf Zucker abgeriebene Zitronenschale und ganz zuletzt das zu steifem Schnee geschlagene Weiße der Eier dazu, füllt es in eine mit Butter ausgeschmierte und mit geriebener Semmel bestreute Form und verfährt dabei, wie oben bei der Brottorte gezeigt wurde.

206. Sandtorte. Man reibt ¾ Pfund Butter, welche recht frisch sein muss, mit 8 Eidottern eine halbe Stunde lang auf einer Seite. Dann tut man 12 Loth Zucker, die Schale von einer halben Zitrone auf demselben abgeriebenen und den Schnee der 8 Eier dazu und rührt es noch eine halbe Stunde auf die nämliche Weise. Nun erst rührt man 1 Pfund von dem allerfeinsten Weizenmehl dazu. Unterdessen wiegt man mit dem Wiegemesser ¼ Pfund abgezogene süße Mandeln, mengt eben so viele kleine Rosinen, mit etwas Zucker vermischt, zu den Mandeln, gibt die Hälfte des Tortenteiges in die Form, streut die gemengten Mandeln dick darauf herum, nun die andere Hälfte des Teiges, und stellt es sogleich in den Ofen. Wenn man will, kann man auch eingemachte Früchte dazwischen füllen.

207. Sandtorte auf eine andere Art. Ein Pfund Schmelzbutter wird eine Stunde lang gerührt, dann 1 Pfund Zucker mit 12 Eidottern, ½ Pfund feines Weizen- und eben so viel Kraftmehl nebst der Schale einer halben Zitrone dazu getan und in einem wohl ausgeheizten Ofen langsam gebacken, da diese Masse etwas schwer ist und leicht sitzen bleibt. Außerdem aber ist es eine der besten Torten.

208. Schichttorte. Es wird 1 Pfund Schmelzbutter mit 12 Eidottern und ½ Pfund recht fein gesiebten Zucker eine ganze Stunde lang auf eine Seite gerührt. Dann kommt die Schale von einer halben Zitrone nebst 1 Pfund von feinsten Mehl sowie das Weiße der 12 Eier, zu Schnee geschlagen, dazu und wird auf folgende Weise damit verfahren. Man nimmt eine ganz niedrige Blechform, oder in Ermangelung dieser macht man sich eine von Papier, bestreicht sie mit Butter, gießt von dem Teig eines halben Fingers dick hinein und bäckt es so nach und nach in einem gut durchheizten, aber ja nicht zu heißen Ofen aus, belegt dann eine Schicht mit Fruchtgelee, nun wieder eine zweite Schicht darauf, die man mit einer andern Art Fruchtgelee belegt und so fort, bis sie alle sind. Dann wird das Weiße von drei Eiern zu ganz steifem Schnee geschlagen, 12 Loth fein gesiebter Zucker dazu gerührt, die aufeinander geschichtete Torte oben und an den Seiten damit bestrichen, diese noch etwas in den Ofen zum Trocknen gesetzt und dann erst mit eingemachten ganzen Früchten garniert.

209. Semmeltorte. Zu dieser werden einige Milchbrote von der äußern Rinde ganz befreit, indem man sie mit einem recht scharfen Messer abschält oder auf einem Reibeisen alles Braune abreibt. Dann werden sie in einige Stücke zerschnitten und in einem Bratofen zwischen Papier ganz hart getrocknet, so dass man sie zerstoßen und durch ein feines Sieb geben kann. Nun rührt man 15 Eidotter mit 20 Loth fein gesiebten Zucker und der auf Zucker abgeriebenen Schale von einer halben Zitrone recht schäumig und so lange, bis es anfängt, sich in der Schüssel zu vermehren. Dann kommen 12 Loth von dem zubereiteten feinen Milchbrote und die zu steifem Schnee geschlagenen 15 Eiweiß, nebst ¼ Pfd. recht rein verlesener und gewaschener kleiner Rosinen dazu, und nun sogleich damit in die Form und in den Ofen, wo man es wie eine Mandeltorte behandelt.

210. Karmeliter Torte. Man rührt 12 Eidotter mit ¾ Pfund fein gesiebten Zucker eine halbe Stunde lang. Dann tut man etwas auf Zucker abgeriebene Zitronenschale, 12 Loth Kraftmehl, den Schnee der 12 Eier und ganz zuletzt den ¼ Pfund süße Mandeln, welche man, nachdem sie von den Schalen befreit sind, der Länge nach so dünn als möglich geschnitten hat, dazu. Nun kommt die Masse sogleich in die auf gewöhnliche Weise zubereitete Form und wird in einer Stunde gebacken. Von den geschnittenen Mandeln lässt man eine Handvoll zurück, welche man auf die Torte streut, ehe sie in den Ofen kommt. Wenn dieselbe gar ist, wird sie aus der Form gestülpt, jedoch gleich wieder umgekehrt, damit die Mandeln nach oben kommen und mit Zucker bestreut.

211. Schokoladentorte. Ein halbes Pfund fein gesiebter Zucker wird mit 15 Eidottern eine halbe Stunde lang nach einer Seite gerührt, dann etwas auf Zucker abgeriebene Zitronenschale, 6 Loth recht gute, geriebene Schokolade ohne Gewürz, ¼ Pfund durch ein Sieb geschlagenes Kraftmehl und das zu steifem Schnee geschlagene Weiße von 8 Eiern dazu getan, in eine Blech- oder Papierform gefüllt und in einer Stunde nicht allzu heißem Ofen gebacken.

212. Biskuittorte. Man schlägt 12 Eier in einem großen Topf, tut ½ Pfund Zucker nebst etwas auf demselben abgeriebener Zitronenschale dazu und schlägt es mit einem Schneebesen 1½ Stunden lang immer auf eine Seite. Dann kommt noch ½ Pfund durchgesiebtes Kraftmehl dazu und alles sogleich in die dazu bereitete Form. Nun bäckt man sie in einem nicht zu heißen Ofen in einer Stunde gar.

213. Biskuittorte auf eine andere Art. Es werden 8 Eidotter mit ½ Pfund Zucker, welcher recht fein gesiebt ist, ¾ Stunden gerührt, dann ½ Pfund feines Mehl, das Gelbe von einer Viertelzitrone, auf Zucker abgerieben, und der Schnee von den 8 Eiern dazu gerührt, in die Form gefüllt und wie die obige gebacken.

214. Butterbiskuit. Ein Pfund Butter, welche von allem Salze gereinigt ist, wird so leicht wie Schaum gerührt, dann kommt 1 Pfund fein gesiebter Zucker und 12 Eidotter, immer 1 Eidotter und etwas Zucker, sowie etwas Zitronenschale und 1 Pfund recht feines Mehl dazu, ganz zuletzt ¼ Pfund gereinigte kleine Rosinen und das zu Schnee geschlagene Weiße der 12 Eier. Dazu nimmt man am liebsten kleine Tortenförmchen, welche man mit Butter bestreicht, mit Semmel bestreut und auf einem Bleche in den Ofen setzt.

215. Mandelbiskuit. Man schält ½ Pfund süße Mandeln ab und stößt sie mit Eiern ganz zu Brei. Dann rührt man ½ Pfund fein gesiebten Zucker und 10 Eidotter recht schäumig, tut die Mandeln und zuletzt das zu Schnee geschlagene Weiße der 10 Eier dazu und behandelt sie, wie bei den vorhergehenden Torten gezeigt wurde.

216. Ausgestrichene Torte. Ein Pfund Butter wird recht schäumig gerührt, dann tut man nach und nach 12 Eidotter, 1 Pfund recht fein gesiebten Zucker, 1 Pfund abgeschälte und mit Eiweiß ganz zu Brei gestoßene süße Mandeln, das Gelbe von einer halben Zitrone und ½ Pfund recht feines Mehl dazu. Nun formiert man eine Torte so groß, als beliebt, auf einem Blech und lässt von dem Teige so viel zurück, um einen kleinen Rand und mehrere Streifen auf die Torte davon machen zu können. Dann belegt man diesen Boden dick mit eingekochten Früchten, entweder Kirschen, Himbeeren, Aprikosen, etc., legt einen Teigstreifen um das Füllsel herum, dann wieder kreuzweise und zuletzt noch einen herum, bestreicht es mit Wasser, streut Zucker darauf und lässt es backen.

217. Sahnetorte. Wenn man diese Torte machen will, so muss man sich den Abend vorher das Füllsel dazu kochen und auch den Teig zubereiten. Man schält und reibt auf dem Reibeisen ½ Pfund süße Mandeln und das Gelbe von einer halben Zitrone auf Zucker ab und zerschlägt den übrigen, welches im Ganzen ½ Pfund sein muss, in kleine Stücke. Nun nimmt man ¾ Quart süße Sahne in eine Kasserolle, tut den Zucker und die Mandeln dazu und setzt es auf das Feuer. Wenn es anfängt zu kochen, so quirlt man 2 Esslöffel voll Mehl mit 4 Eidottern und noch ¼ Quart Sahne zusammen, so dass es im ganzen 1 Quart Sahne ist, gibt es zu der kochenden in der Kasserolle und lässt es unter beständigem Umrühren zu einem steifen Brei werden, welchen man, wenn er gar ist, auf eine große Porzellanschüssel tut und, nachdem er ausgekühlt ist, in den Keller stellt. Nun bereitet man den Zuckerteig nach Nr. 170, belegt davon den andern Tag ein Randblech, gibt das gekochte Füllsel hinein und bäckt es im Ofen eine Stunde lang.

218. Sahnetorte auf eine andere Art. Man reibt den vierten Teil von einer Zitronenschale an ¼ Pfund Zucker ab, tut das mit ½ Quart guter süßer Sahne zum Feuer, quirlt 12 Eidotter dazu und lässt es so lange kochen, bis es ganz dick ist. Dann nimmt man es vom Feuer, damit es abkühlt, füllt es nun in eine mit dem vorgeschriebenen Butterteige ausgelegte Form und lässt es gar werden.

219. Cremetorte. Man macht von dem in Nr. 172 beschriebenen mürben Butterteige eine schöne Torte, welche man leer bäckt. Unterdessen kocht man folgende Creme: Es wird etwas Zitronenschale an ¼ Pfund Zucker abgerieben, dann quirlt man 6 Eidotter mit einem starken Esslöffel voll Mehl und ½ Quart süßer Sahne zusammen, gibt den Zucker dazu, tut alles in eine Kasserolle und lässt es unter beständigem Umrühren so lange kochen, bis es dick ist. Dann belegt man die leere Torte eines Fingers dick mit einem Fruchtgelee, gibt die Creme bis auf ein paar Löffel voll darüber, schlägt das Weiße von den 6 Eiern zu steifem Schnee, tut die übrige Creme dazu und gibt es auf das Ganze, stellt die Torte noch einmal in einen heißen Ofen, so sie aber nur von oben Hitze hat, und lässt die Creme so gelb werden; auch von dem Zucker, worauf die Zitrone abgerieben wurde, muss man etwas zurücklassen, um es zu dem Eierschnee tun zu können.

220. Masarinen-Torte. Ein Pfund süße Mandeln werden, nachdem sie abgebrüht und von den Schalen befreit sind, mit ungefähr 6 ganzen Eiern in einem Mörser nach und nach ganz zu Brei gestoßen. Dann rührt man 1 Pfund fein gesiebten Zucker mit 16 Eier, bis er ganz leicht und schäumig ist, tut die Schale einer halben auf Zucker abgeriebenen Zitrone und die gestoßenen Mandeln nebst einer Tasse süßer Sahne dazu, rührt es noch eine Zeit lang und füllt diese Masse dann in feinen Blätter- oder süßen Zuckerteig, wozu bei den Pasteten die Vorschriften zu finden sind.

221. Apfeltorte. Man nimmt hiezu recht schöne Bosdorfer Äpfel, schält und schneidet sie in feine Scheibchen, dann läutert man ein Stück Zucker mit etwas Wasser, tut die Äpfel nebst etwas Zitronenschale und so viel kleinen Rosinen, als man wünscht, dazu, kocht es so lange, bis es sich ganz zu Brei zerrühren lässt, und setzt es dann an eine kalte Stelle, damit es etwas steif wird. Nun rührt man 4 Eidotter mit 4 Loth ganz fein gestoßenen süßen Mandeln und dem Weißen der Eier, welches zu Schnee geschlagen ist, zu den Äpfeln, und macht dann folgenden Teig: Man nimmt ½ Pfund Mehl, ½ Pfund fein gesiebten Zucker, ein paar Loth frische Butte rund 3 Esslöffel voll Wein. Davon macht man auf dem Backbrett einen geriebenen Teig, formiert eine Torte davon, füllt die Äpfel hinein, macht ein zierliches Gitter darüber und bäckt sie schön hellbraun in einem wohl geheizten, aber nicht glühenden Ofen.

222. Pflaumentorte. Die frischen Pflaumen werden mit kochendem Wasser begossen und dann von den Schalen und Steinen befreit. Nun kocht man sie, wie eben bei den Äpfeln gezeigt wurde, macht auch den nämlichen oder einen bei den Pasteten beschriebenen Teig und bäckt sie auf die nämliche Weise.

223. Kirschentorte. Wenn die Kirschen ausgesteint sind, so lässt man sie mit Zucker in ihrem eigenen Safte weich und kurz einkochen, und wenn sie erkaltet sind, so füllt man sie in einen Zuckerteig, wie bei Nr. 170 oder bei der Apfeltorte gezeigt wurde.

224. Kirschentorte auf eine andere Art. Es werden 12 Eidotter mit ½ Pfund Zucker und ½ Pfund fein gestoßenen Mandeln recht leicht gerührt. Dann reibt man recht schönes schwarzes Roggenbrot und tut gleichfalls ½ Pfund davon sowie etwas auf Zucker abgeriebene Zitronenschale, den Schnee von den 12 Eiern und ganz zuletzt 1 ¼ Pfund ausgesteinter Kirschen dazu, bestreicht eine Form mit Butter, bestreut sie mit Roggenbrot und füllt die Masse hinein. Wer lieber geriebene Semmel dazu nehmen will, dem steht es frei, indem manchem das Roggenbrot zu schwer ist.

225. Himbeerentorte. Wenn die Himbeeren verlesen sind, so bestreut man sie mit Zucker und einer Hand voll geriebenem Zwieback. Dann werden 8 Eidotter mit ¼ Pfund Butter und eben so viel süßen, zu Brei gestoßenen Mandeln ½ Stunde gerührt, dann etwas Zitronenschale und der Schnee von den 8 Eiern dazu gerührt, eine Form mit Butter bestrichen und mit gestoßenem Zwieback bestreut, die Himbeeren hinein getan, eine Eiercreme darüber gegeben und gleich in den Ofen gesetzt. Auch kann man die Himbeeren darunter tun, bevor man sie in die Form bringt, damit sie sich recht vermischen.

226. Erdbeerentorte. Damit verfährt man ganz so, wie eben bei der Himbeerentorte gezeigt wurde.

227. Weintraubentorte. Die Weintraubentorte macht man gleichfalls auf die Weise wie bei der Himbeerentorte. Man kann auch eine Torte von süßem Butterteig nach Nr. 173 zubereiten, die mit Zucker mehrere Stunden vorher bestreuten Traubenbeeren dreifach aufeinander hineinlegen, eine kleine Handvoll gestoßenen Zwieback oder geriebenes Milchbrot darauf streuen und dann folgende Creme machen: Man schlägt das Weiße von 16 Eiern zu steifem Schnee, tut ¼ Pfund fein gesiebten Zucker, ¼ Pfund mit Eiweiß zu Brei gestoßene Mandeln, die Schale von einer halben auf Zucker abgeriebenen Zitrone dazu, füllt es auf die Weintrauben und eilt sogleich damit in den Ofen. Eine Stunde lang muss diese Torte backen.

228. Aprikosentorte. Man lässt Zucker mit etwas Wasser so lange kochen, bis er anfängt Faden zu ziehn. Dann lässt man die Aprikosen, nachdem sie auseinander geschnitten und die Steine herausgenommen sind, etwas weich dünsten, legt sie dann mit einem Schaumlöffel heraus und lässt den Saft ganz zu Sirup kochen. Unterdess macht man von einem der vorgeschriebenen Zuckerteige eine Torte, legt die Aprikosen in dieselbe, macht eine Creme von 8 Eiern, ¼ Pfund fein gesiebten Zucker, ¼ Pfund mit Eiweiß von den 8 Eiern zu Brei gestoßenen süßen Mandeln, gibt ihn darüber und lässt es so backen. Wenn die Torte kalt ist, so wird sie mit dem Aprikosensirup bestrichen und mit Konfekt garniert.

229. Pfirsichtorte. Diese wird ganz wie die Aprikosentorte bereitet, nur dass man die Pfirsiche abschält, da ihre Schale viel zu dick ist, um weich zu werden.

230. Birnentorte. Hierzu muss man recht gute Muskateller- oder sonst wohlschmeckende Birnen nehmen. Wenn sie abgeschält und in der Mitte durchgeschnitten sind, auch der Kern rein herausgenommen ist, so werden sie in Zucker, welcher mit etwas gutem Wein geläutert ist, weich, doch nicht musig gekocht. Dann wird die Torte sowie die Creme ebenso gemacht, wie bei der Aprikosentorte gezeigt wurde.

231. Quittentorte. Wenn 6 Stück Quitten in Wasser weich gekocht sind, so zieht man, so lange sie noch warm sind, die Haut davon, reibt sie auf einem Reibeisen, schlägt sie durch ein Haarsieb und nimmt dann, so schwer die Quitten sind, halb so viel fein gesiebten Zucker, welchen man darunter rührt. Unterdessen macht man sich die Torte von Blätter- oder Zuckerteig und gibt mit einem Löffel die Hälfte der Quitten darauf herum, rührt 6 Eier, eine Hand voll gestoßene Mandeln und etwas Zitronenschale dazu und streicht es auf die erste Lage. Dann kann man ein zierliches Gitter von dem Teige darauf machen, mit Ei bestreichen, mit Zucker bestreuen und in einer Stunde gar backen.

232. Bärme- oder Hefeteigkuchen. Man rührt ½ Pfund Butter zu Sahne, dann legt man 8 Eier in warmes Wasser und setzt sich auch ein wohl gewogenes halbes Pfund Mehl dabei. Wenn man 1 Ei in die Butter gerührt hat, so tut man 1 Löffel voll Mehl dazu und so fort, bis beides in die Butter getan ist, gibt 4 Loth fein gesiebten Zucker dazu und rührt es noch eine gute halbe Stunde immer auf eine Seite. Zuletzt kommt eine Prise Salz und 4 Esslöffel voll ganz dicker Bärme dazu. Wenn man nun einen Kuchen machen will, so bestreut man ein Blech mit Mehl, tut von dem Teige darauf, breitet mit der Hand, welche man gleichfalls in Mehl taucht, denselben darauf aus, macht ihn mit dem Nudelholze schön glatt und kneift rings herum mit den Fingern einen Rand. Nun bestreicht man den Kuchen mit Butter und bestreut ihn mit Zucker und abgeschälten, länglich geschnittenen süßen Mandeln, lässt ihn an einem warmen Orte gehen und bäckt ihn schön hellgelb.

233. Bärme- oder Hefeteigkuchen auf eine andere Art. Es wird ½ Pfund Butter zu Sahne gerührt, nach und nach 6 Eidotter dazu getan, dann 6 Loth gesiebter Zucker, etwas Zitronenschale, ¾ Pfund feines Mehl, 1 Tassenkopf süße Sahne, der Schnee der 6 Eier, eine Prise Salz, 3 Esslöffel voll dicker Bärme dazu genommen und dieses gebacken, wie vorher gezeigt wurde.

234. Bärme- oder Hefeteigkuchen auf eine dritte Art. Eine halbe Metze Mehl, ¾ Pfund Butter, 4 Loth Zucker, etwas Zitronenschale, 4 Eier, etwas Sahne und 4 Löffel voll recht dicker Bärme bereitet man wie einen gewöhnlichen Bärmeteig.

235. Braunschweiger Kuchen. Man nimmt ½ Metze Mehl in eine Schüssel, macht in der Mitte ein Loch, rührt ¼ Quart Bärme mit lauwarmer Milch in derselben, so dass ungefähr die Hälfte von dem Mehl zu dem Hebestück angemacht ist, und setzt es so an einen warmen Ort zum Gehen. Unterdessen rührt man ¾ Pfund Butter, welche von allem Salz und aller Unreinigkeit befreit ist, zu Sahne, gibt ¼ Pfund gesiebten Zucker, das Gelbe von 5 Eiern, 4 Loth süße Mandeln, welche mit dem Wiegemesser ganz fein gewiegt sind, den vierten Teil einer Zitronenschale, ¼ Pfund große und eben so viel kleine Rosinen und zuletzt das Hebestück samt dem noch neben demselben befindlichen Mehl und das zu Schnee geschlagene Weiße der 5 Eier dazu. Nachdem alles zusammengemischt ist, wird es mit einer breiten Kelle geschlagen, bis es beinahe von derselben ablässt. Dann wird ein Blech mit Butter geschmiert, der Kuchen darauf getan, mit der Hand recht gleich auseinander gemacht und wieder an einem warmen Ort zum Gehen gesetzt. Ist er im Gehen, so bestreicht man ihn mit geschmolzener Butter und setzt ihn in den Ofen, wo er in einer Stunde gar backen muss. So wie er aus demselben genommen wird und noch ganz heiß ist, bestreicht man ihn wieder recht dick mit geschmolzener Butter und bestreut ihn einen Messerrücken dick mit fein gesiebtem Zucker, welches weit angenehmer schmeckt, als Eier und Eis.

236. Kaffeekuchen. Man reibt ¾ Pfund Butter zu Sahne, quirlt 6 Eier mit einer Prise Salz recht gut durch und rührt es nach und nach zur Butter, sowie ¾ Pfund Zucker, 12 Loth feines Mehl und etwas Zitronenschale. Nachdem alles zusammen gerührt ist, tut man es auf ein Blech, streicht es auseinander, bestreicht es mit einem gequirlten Ei und bestreut es ganz dick mit fein gehackten Mandeln und Zucker. Wenn der Kuchen gebacken ist, so schneidet man ihn mit dem Messer in beliebige Stückchen, weil er beim Liegen so hart wird, dass man ihn nicht schneiden kann.

237. Gebrühter Kuchen. Von einem halben Quart Milch setzt man die Hälfte mit 4 Loth Zucker, worauf etwas Zitronenschale abgerieben wurde, und ¼ Pfund frischer Butter auf das Feuer. Unterdessen quirlt man ½ Pfund recht feines Mehl mit der zurückgelassenen Milch an, gießt es, wenn die Milch kocht, unter beständigem Umrühren dazu und lässt den Teig so lange auf dem Feuer, bis er sich von der Kasserolle ablöst. Dann lässt man ihn erkalten, reibt mit der Reibekeule das Gelbe von ungefähr 10 Eiern und das zu Schnee geschlagene Weiße derselben dazu, legt den Teig auf ein Blech, bestreicht ihn mit geschmolzener Butter und lässt ihn in einem recht gut ausgeheizten Ofen gar backen. Er wird noch heiß mit geschmolzener Butter bestrichen und ganz dick mit Butter bestreut.

238. Randkuchen. Es wird von ½ Pfund Mehl, lauer Milch und etwas Bärme ein Ansatz gemacht, wie bei dem Braunschweiger Kuchen gezeigt wurde. Wenn derselbe recht schön aufgegangen ist, salzt man ihn etwas und schlägt ihn so lange mit der Kelle, bis er sich von derselben abschält. Alsdann wird Mehl auf ein Backbrett gestreut, der Teig darauf gelegt und mit dem Nudelholze eines Fingers dick ausgerollt. Dann schneidet man 12 Loth Butter auf die eine Hälfte des Kuchens, schlägt die andere Hälfte darüber und noch ein Mal über und rollt ihn aus. Dieses wiederholt man dreimal. Unterdessen kocht man ¼ Pfund große und ¼ Pfund kleine Rosinen mit Wein, Zucker und etwas Zitronenschale ganz weich und so kurz ein, dass kein Tropfen Brühe davon sich abfüllen lässt, hackt ¼ Pfund süße Mandeln fein und mischt sie dazu. Nun rollt man den Teig zum letzten Mal so groß, dass er eine Hand breit über das Blech geht, und legt das gekochte Füllsel um denselben herum, schlägt den Teig darüber, bestreicht den Kuchen mit geschmolzener Butter und lässt ihn bei mäßiger Hitze schön gelb backen. Dann wird er, sobald er aus dem Ofen kommt, mit geschmolzener Butter bestrichen und mit Zucker bestreut.

239. Zweibrücker Kuchen. Man rührt ¼ Pfund frischer Butter zu Sahne, tut 3 gequirlte Eier, 4 Loth gesiebten Zucker, einen Tassenkopf voll süßer Sahne, ¾ Pfund feines Mehl, eine Prise Salz und 3 Esslöffel dicker Bärme dazu. Wenn alles gut durchgerührt ist, so formiert man auf einem Blech einen Kuchen von diesem Teige, lässt ihn an einem warmen Ort gut gehen und bäckt ihn schön hellgelb. Unterdessen lässt man ein gutes Stück Butter in einer Kasserolle heiß werden und rührt so viel Mehl hinzu, dass es noch etwas läuft. Sobald es anfängt gelb zu werden, bestreicht man den ganzen Kuchen damit, bestreut ihn dick mit Zucker und setzt ihn noch so lange in den Ofen, bis er dunkelgelb ist. Nach dem Erkalten wird er nochmals mit Zucker bestreut.

240. Apfelkuchen von Bärmeteig. Man macht von ½ Metze Mehl, 5 abgequirlten Eiern, ungefähr 2 Tassenköpfen Milch und eben soviel ganz dicker Bärme einen Teig, den man an eine warme Stelle zum Aufgehen setzt. Ist dieses geschehen, so arbeitet man mit der Hand ½ Pfund geschmolzene Butter, ¼ Pfund Zucker und, wenn man bemerkt hat, dass der Teig sehr langsam gegangen ist, noch einen Löffel voll Bärme und etwas Salz, so fein durch, als wenn man einen Butterteig machen wollte. Wenn er so glatt ist, dass man ihn mit dem Nudelholze ausrollen kann, so macht man den Kuchen nur ganz dünn, legt ihn auf ein Blech, bestreicht ihn mit Butter und bestreut ihn mit Zucker. Nun schält man gute Äpfel, schneidet sie in 6 bis 8 Teile und stellt sie auf den Kuchen dicht nebeneinander, streut fein gewiegte süße Mandeln und kleine Rosinen darüber, lässt ihn nochmals gut aufgehen und bäckt ihn bei nicht zu großer Hitze gar. Beim Herausnehmen bestreicht man ihn nochmals mit Butter und bestreut ihn dick mit Zucker. Man kann auch einen Eierguss darüber machen, wozu man 4 Eier mit 4 Loth Zucker recht schäumig quirlt, 4 Loth kleine Rosinen dazu tut und, wenn der Kuchen halb gebacken ist, den Guss darüber gießt und ihn nun gar werden lässt.

241. Pflaumenkuchen von Bärmeteig. Zu diesem Kuchen bereitet man sich den nämlichen Teig, wie bei dem Apfelkuchen Nr. 240 gezeigt wurde, bestreut ihn mit einer Hand voll geriebenen Milchbrote und Zucker und setzt dann die in Viertel geschnittenen Pflaumen ganz dicht nebeneinander, so dass sie sozusagen nur auf der Spitze stehn, streut noch etwas Zucker darüber und lässt den Kuchen, nachdem er gehörig gegangen ist, eben so, wie den Apfelkuchen backen. Man kan hierzu auch einen mürben Butterteig, Nr. 173–175, anwenden.

242. Kirschkuchen von Bärmeteig. Wenn der Bärmeteig nach Nr. 240 fertig ist, so setzt man ihn dick mit Kirschen, welche man einige Stunden vor dem Gebrauche schon ausgesteint und etwas mit Zucker bestreut hat, damit der Saft abläuft, macht dann einen 2 Finger hohen Rand herum und bäckt ihn gar. Wenn er halb gebacken ist, begießt man ihn mit folgender Creme: Man rührt ½ Quart süßer Sahne ganz schäumig. Wenn der Kuchen nun die Hälfte gebacken hat, so rührt man noch den abgelaufenen Saft der Kirschen zu der Creme und füllt sie mit einem Löffel über die Kirschen, setzt den Kuchen wieder in den Ofen und lässt ihn gar werden. Ohne Jus lässt er sich aber eben so gut backen, nur muss man nicht vergessen, ganz zuletzt den abgelaufenen Kirschsaft, welchen man allenfalls noch mit etwas Zucker versetzen kann, über den Kuchen zu gießen.

243. Spritzkuchen. Von 3/8 Quart Milch lässt man die Hälfte mit 1 Löffel voll Butter und einem Stückchen Zucker kochen, quirlt zu der übrigen Milch ½ Pfund vom feinsten Mehl, und wenn die Milch kocht, so gießt man diese Mehlmilch unter beständigem Umrühren dazu und lässt es auf dem Feuer so lange abtrocknen, bis es sich ganz von der Kasserolle abschält. Darauf stellt man es an einen kalten Ort, damit es durchaus steif wird, und reibt es dann nebst 5 Eiern mit der Reibekeule zu einem recht glatten Teig. Nun lässt man Schmelzbutter in einer Kasserolle heiß werden, lässt etwas davon durch die Spritze laufen, gibt dann einen guten Löffel voll Teig in dieselbe und spritzt ihn in die heiße Butter, wobei man aber die Kasserolle immer schütteln muss. So bäckt man einen Kuch nach dem andern heraus, setzt sie auf Löschpapier, damit alles Fette davon abläuft, und bestreut sie dann mit Zucker.

244. Spazierkuchen. Zu diesen wird ganz derselbe Teig wie bei den Spritzkuchen gemacht, nur dass man mit dem Löffel kleine runde Kuchen in die heiße Butter legt und dabei immer die Kasserolle rüttelt. Diese Kuchen passen auch zur Garnierung von feinem Gemüse, als Blumenkohl etc.

245. Hohlkuchen. Ein Viertelpfund Butter, ¼ Quart Milch, 4 Loth Zucker und ungefähr 6 Stück süße Mandeln, welche mit etwas von der Milch ganz zerstoßen und zerrieben sind, lässt man aufkochen, rührt dann 14 Loth vom feinsten Mehl dazu und trocknet den Teig ab, damit er sich von der Kasserolle löst. Wenn er kalt ist, rührt oder reibt man 6 Eier, wovon das Weiße zu Schnee geschlagen ist, dazu, setzt mit einem Löffel auf ein mit Mehl bestreutes Blech kleine runde Klümpchen, bestreicht sie mit geschlagenem Ei, bestreut sie mit Zucker und lässt sie in einem wohl durchgeheizten Ofen hellgelb backen. Die Hitze darf nicht allzu groß sein; auch ist es besser, wenn sie etwas hoch gesetzt werden, damit es von oben heißer als von unten ist.

246. Schneebälle. Man quirlt 3 ganze Eier und 3 Dotter, 2 Esslöffel voll süßer Sahne, 1 Löffel voll geschmolzener Butter und eine Prise Salz zusammen, dann gießt man es in eine Schüssel und rührt so viel feines Mehl hinzu, dass man den Teig gehörig auf dem Backbrett ausrollen kann, lässt ihn aber ja nicht zu fest werden. Nun macht man kleine Laibchen, welche man zu einem runden, messerrückendicken Platz rollt. Dann schneidet man mit dem Kuchenrädchen 2 fingerbreite Einschnitte, welche jedoch nicht ganz hinausgehen dürfen, damit es zusammenhält, nimmt einen Streifen auf den Löffelstiel, lässt den andern liegen und fährt so fort, bis sie kraus hängen, dann schüttelt man sie in heißer Schmelzbutter und bäckt sie so ganz hellgelb aus derselben heraus, worauf man sie mit ganz fein gesiebtem Zucker bestreut.

247. Spiegelkuchen. Man rührt 7 Esslöffel voll feines Mehl mit so viel kochender Milch an, dass es ein ganz steifer Teig wird, den man kaum rühren kann. Dann rührt man 1 Esslöffel voll geschmolzener Butter, etwas Salz und nach und nach 6 Eier dazu. Wenn dieses geschehen ist, so schneidet man viereckige Stücken Oblate, ungefähr 4 Finger breit und eben so lang, legt in die Mitte eines solchen Vierecks 1 Teelöffel voll Himbeer-, Hagebutten- oder anderes Obstmus, legt ein zweites Blatt darauf, drückt es ein wenig fest und drückt es daumenbreit neben hinein in den Teig und bäckt es in heißer Schmelzbutter. Man kann auch einen recht guten Eierkuchenteig dazu machen, nur muss er nicht zu dünn sein.

248. Pfannkuchen. Man rührt 1 Pfund Butter zu Sahne, schlägt nach und nach 15 Eidotter und von 6 Eiern das zu Schnee geschlagene Weiße, ¼ Pfund Zucker, ein starkes Viertelquart warme Milche und 6–7 Esslöffel voll dicker Bärme dazu. Wenn dieses alles recht schön abgerührt ist, so nimmt man 2 Pfund recht trocknes Mehl, welches an einer warmen Stelle auch ganz durchwärmt, doch nicht heiß sein muss, da es sonst klumpig wird, und rührt es anfangs mit der Kelle, dann aber arbeitet man es mit den Händen zu einem Teig, der sich nur eben ausrollen lässt, und streut immer etwas Zucker darunter, damit der Teig nicht festsitzen bleibt. Nun teilt man ihn in 2 Teile. Auf den einen setzt man mit dem Löffel eingemachte Früchte, als Kirschen, Himbeeren, Hagebutten oder Aprikosen (auch Pflaumen- und Apfelmus kann man nehmen), legt die andere Hälfte des Teiges darüber und drückt nun zwischen dem Gefüllten den Teig fest an, sticht mit einem Bierglase runde Kuchen ab, legt sie an eine warme Stelle auf ein mit Mehl bestreutes Tuch, deckt ein warmes Tuch darüber und lässt sie so gehen. Dann werden sie in heißer Schmelzbutter oder in Backfett gebacken und gleich, wenn sie herauskommen und noch ganz heiß sind, in gestoßenem Zucker gewälzt. –

Schweinefett darf nie angewendet werden, sondern nur Rinds- oder Hammelfett; doch schmeckt letzteres nicht gut, daher es besser ist, halb Butter und halb Rindsfett zu nehmen. Auch die Butter muss vorher geschmolzen und ganz klar abgegossen werden.

249. Butterstriezeln. Man nimmt ¼ Pfund Mehl, tut es auf ein Backbrett und macht in die Mitte ein kleines Loch. Dahinein tut man 4 Loth fein gesiebten Zucker, etwas Zitronenschale, 4 Loth recht frische Butter, 1 ganzes Ei und ein Dotter, und arbeitet alles zu einem Teig, der sich drehen lässt. Nun nimmt man immer etwas Teig, dreht mit der Hand auf dem Backbrett eine lange Striezel und formiert daraus Kränze und kleine Hirschgeweihe, wobei man immer mit dem Messer kleine Einschnitte macht, und bäckt sie in heißer Schmelzbutter schön gelb heraus, bestreut sie gleich mit Zucker und gibt sie zum Dessert.

250. Mandelplätzchen. Es wird ¼ Pfund Butter zu Sahne gerührt, dann 2 Eidotter dazu getan, das Weiße aber zu Schnee gequirlt und ½ Pfund süße Mandeln damit gestoßen und nun nebst ¼ Pfund gesiebten Zucker und etwas abgeriebener Zitronenschale zur Butter gegeben. Wenn alles zusammen noch eine Viertelstunde gerührt ist, so setzt man kleine Klümpchen auf ein mit Butter bestrichenes Blech, legt auf jedes oben eine halbe abgeschälte Mandel und bäckt sie in einem nicht allzu heißen Ofen ganz weißgelb heraus.

251. Mandelplätzchen auf eine andere Art. Man nimmt 1 Pfund Mehl, ½ Pfund Butter, ¼ Pfund Zucker, worauf man vorher die Hälfte einer Zitronenschale abgerieben hat, und 3 Esslöffel voll recht guten Wein, knetet dieses alles zu einem Teig, rollt ihn auf dem Backbrett einen halben Finger dick aus, sticht mit einem kleinen Glase Plätzchen davon aus und bäckt sie sehr langsam und hell in einem nicht allzu heißen Ofen, so dass sie mehr trocknen, heraus. Diese Plätzchen halten sich Jahr und Tag.

252. Butterprezeln. Aus ½ Pfund Mehl, ½ Pfund Butter, 4 Loth gesiebtem Zucker, 1 Ei und 2 Esslöffel voll Wasser wird ein Teig geknetet, kleine Prezeln daraus geformt, diese mit Ei bestrichen, mit gröblich gestoßenem Kandis bestreut und auf einem Blech im Ofen gebacken.

253. Waffeln. Es wird ½ Pfund Butter so leicht wie Schaum gerührt, dann das Gelbe von 8 Eiern, ½ Pfund recht feines Mehl, 1 Tassenkopf warmer Sahne, das zu Schnee geschlagene Weiße der 8 Eier und 3–4 Esslöffel voll recht gute Bärme dazu getan. Diese Masse stellt man an eine Stelle, wo es immer dabei etwas gehen kann. Dann legt man das Waffeleisen über Kohlenfeuer, bestreicht es mit etwas Butter, die man in ein reines Leinwandläppchen bindet, und füllt mit einem Löffel von dem Teige so viel hinein, dass es überall hinkommt, jedoch nicht zu voll wird, lässt es auf beiden Seiten gelb backen und nimmt es dann auf eine Schüssel heraus. Die Waffeln bestreut man erst, wenn sie zu Tische gebracht werden, mit Zucker, indem sie sonst wieder weich werden. Am besten ist es, wenn man sie auf Papier in einen verschlagenen Ofen legen kann, bis sie alle gebacken sind oder gebraucht werden. Wenn der Teig zu dick und schwer werden sollte, so muss man lauwarme Milch zugießen, auch etwas Salz an den Teig, aber ja keinen Zucker tun, denn sonst bleiben die Waffeln weich.

254. Waffeln ohne Bärme. Ein halbes Pfund Butter wird zu Schaum gerührt, 6 Eidotter und das zu Schnee geschlagene Weiße, 10 Loth ganz feines Mehl, eine Prise Salz und so viel lauwarme Milch dazu getan, als zu einem dünnen Waffelteige nötig ist. Beim Backen verfährt man ganz so, wie eben gezeigt wurde.

255. Cousern. Ein halbes Pfund Mehl, ¼ Pfund gesiebter Zucker, das Gelbe von einer Zitrone, 3 Eier, 4 Loth abgeklärte Butter und ½ Quart gute Milch werden mit ein paar Quirlen in einem recht großen Topfe zusammen geschlagen und dann in einem dazu gehörigen Eisen gebacken.

256. Apfelscheiben. Man nimmt hierzu recht schöne, mürbe Äpfel, schält sie und schneidet runde, nicht allzu dicke Scheiben davon, aus welchen man das Kernhaus nimmt, und sie mit Zucker bestreut eine Zeit lang liegen lässt. Dann nimmt man ½ Pfund Mehl, tut es in eine Schüssel und gibt 4 Loth gestoßenen Zucker dazu, lässt nun halb Wein und halb Weißbier kochen, brüht das Mehl unter beständigem Rühren zu einem dicken Teig, dem man höchsten nur 3 Eier geben darf, damit er ja nicht zu dünn wird. Dann taucht man einen Apfel in denselben und legt ihn in heiße

Schmelzbutter, um zu proben, ob er auch nicht zu dick ist; sonst gießt man noch etwas gekochtes Bier zu. Der Teig muss süß schmecken, und wenn er nicht genug Zucker hat, muss man noch etwas hinzu tun; dann wird er warm in Zucker gewälzt und so serviert. Man kann auch einen kalten Teig machen. Dazu nimmt man 6 Eier, welche mit 10 Löffel voll Mehl, Zucker nach Gutdünken und so viel Wein, als zu einem solchen Teige nötig ist, zusammengerührt werden. Man probiert gleichfalls mit einer Scheibe und verfährt übrigens, wie eben gezeigt wurde.

257. Napfkuchen. Es werden 12 Loth recht frische Butter zu Sahne gerührt. Dann tut man nach und nach 8 Eidotter, ¼ Pfund gesiebten Zucker, worauf die Schale einer halben Zitrone abgerieben ist, ½ Pfund recht feines Mehl, das zu Schnee geschlagene Weiße der 8 Eier und 4 Esslöffel Bärme dazu. Man richtet es so ein, dass man gerade 1 Stunde lang rührt; wenn jedoch die Bärme und der Eierschnee darin ist, so muss man gleich damit in eine mit Butter ausgestrichene Form eilen, dieselbe nur halb voll füllen, den Teig aufgehen lassen und den Kuchen in einem gut ausgeheizten Ofen allmählich gar backen.

258. Napfkuchen mit Rosinen. Eine halbe Metze Mehl, ½ Pfund Butter, ¼ Pfund Zucker, ¼ Pfund große und eben so viel kleine Rosinen, 8 Loth ganz fein gewiegte Mandeln, eine halbe Zitronenschale, 5 Eier, eine Prise Salz, ¼ Quart warme Milch und 4 bis 5 Löffel Bärme werden ganz auf die nämliche Weise, wie eben gezeigt wurde, behandelt. Sollte die Masse zu dick sein, welches zuweilen am Mehl liegt, so kann mit warmer Milch noch nachgeholfen werden.

259. Napfkuchen ohne Bärme. Man rührt 12 Loth Butter zu Sahne, gibt nach und nach 5 Eidotter, 12 Loth feines Mehl, den Schnee der 5 Eiweiß, etwas Salz, 4 Loth kleine Rosinen und so viel lauwarme Milch, dass der Teig wie ein dicker Plinzenteig ist. Mit diesem füllt man kleine mit Butter ausgeschmierte Förmchen halb voll und bäckt sie bei mäßiger Hitze schön gelb.

260. Bacher Napfkuchen. Man lässt Butter schmelzen und gießt sie ganz klar ab. Sobald sie wieder fest ist, rührt man ½ Pfund davon zu Schaum, gibt nach und nach 9 Eidotter, 1 Tassenkopf lauwarmer Sahne, 20 Loth feines Mehl, eine Prise Salz, das zu Schnee geschlagene Weiße der 9 Eier und 3 Esslöffel voll recht dicker Bärme dazu, lässt den Teig aufgehen und bäckt ihn wie die vorhergehenden.

261. Bacher Napfkuchen auf eine andere Art. Ein halbes Pfund Schmelzbutter, wie bei dem vorherigen Napfkuchen bereitet, 1 Pfund Mehl, 8 Eier, ein großer Tassenkopf voll Sahne, 4 Loth Zucker, die Schale einer halben Zitrone, eine Prise Salz und 3 Löffel Bärme werden wie bei den vorigen zubereitet.

262. Zwieback. Von 3 Pfund Mehl, ¾ Quart lauwarmer Milch und ¼ Quart guter Bärme wird ein Hebestück angesetzt. Wenn dasselbe gut aufgegangen ist, so knetet man ½ Pfund frische Butter, 4 Loth gestoßenen Zucker, auf welchem man etwas Zitronenschale abgerieben hat, nebst einer Prise Salz dazu, arbeitet es auf dem Backbrett noch tüchtig durch und formiert nun lange Striezeln oder kleine Laibchen daraus, bestreicht sie mit geschmolzener Butter, lässt sie noch einmal gehen und bäckt sie dann schön hellgelb. Wenn man sie gebrauchen will, werden sie in der Mitte durchgeschnitten und auf dem Bleche geröstet. Auch kann man sie mit frischer Butter bestreichen, dick mit Zucker bestreuen und dann rösten.

263. Kleine Teekuchen. Ein Pfund fein gesiebter Zucker wird mit 6 ganzen Eiern ½ Stunde gerührt und ½ Pfund Kartoffel- und eben soviel feines Weizenmehl nebst etwas auf Zucker abgeriebener Zitronenschale dazu getan. Die daraus formierten kleinen runden Kuchen werden nun auf ein mit Butter oder Wachs bestrichenes Blech gesetzt und bei gelinder Hitze gebacken. Sie dürfen nicht braun oder dunkelgelb werden, indem sie am besten schmecken, wenn sie recht weiß sind.

264. Eine andere Art kleiner Teekuchen. Man nimmt auf ein Backbrett ½ Pfund Mehl, ¼ Pfund Butter, ¼ Pfund Zucker, 1 ganzes Ei, 1 Eidotter und 2 Esslöffel voll süßer Sahne. Dieses wird zu einem Teig geknetet, mit dem Nudelholz eines halben Fingers dick ausgerollt, mit einem Glase Kuchen ausgestochen, diese auf ein mit Butter bestrichenes Blech gelegt, mit dem zurückgelassenen Eiweiß bestrichen und mit Zucker bestreut. Bei dem Backen wird dieselbe Hitze erfordert, wie bei den obigen Teekuchen.

265. Semmel zum Reiben. Da man, besonders auf dem Lande, in manchen Gegenden nicht immer schönes Milchbrot bekommen kann, welches doch in einer Küche unumgänglich notwendig ist, so rate ich, diese Semmel sich von Zeit zu Zeit zu backen, um dadurch aus aller Verlegenheit zu sein. Man nimmt 1 Metze Mehl, 1 Quart gute süße Milch und ¼ Quart recht dicke Bärme. Davon wird ein Hebestück angesetzt, und wenn es gehörig gegangen ist, mit ½ Pfund geschmolzener und ganz rein abgeklärter Butter nebst etwas Salz zu einem festen Teig gearbeitet, lange Küpfe (Schrippchen) davon formiert, noch einmal gehn gelassen, mit lauem Wasser bestrichen und in einem Backofen schön gar gebacken. Wenn sie nun so hart sind, dass sie sich reiben lassen, kann man sie in große Einmachgläser tun, in die Mitte einen hölzernen Löffel stecken, damit sie Luft haben, und die Gläser mit Papier, worein Löcher gestochen sind, zubinden. Ein Milchbrot zu 4 Pfennige wiegt ungefähr 5 Loth. Danach kann man sich dann einrichten.

Zehnter Abschnitt

Von der Zubereitung verschiedener Kompotts, Cremes und Flameris

266. Äpfel-Kompott. Hierzu nimmt man am besten gute Borsdorfer Äpfel. Wenn dieselben abgeschält sind, so setzt man sie mit so viel Wasser, dass sie mit demselben gleichstehen, etwas Zitronenschale und so viel Zucker, als dazu nötig ist, auf das Feuer. Wenn sie anfangen zu kochen, so muss man darauf sehen, dass sie ja nicht zerfallen, und die untern immer zuerst herausnehmen. Sind sie nun alle weich, so legt man sie auf eine Assiette und lässt die Sauce mit gereinigten und wohl verlesen kleinen Rosinen noch einkochen, nimmt zuletzt auf ½ Quart Saft einen gehäuften Teelöffel voll Kartoffelmehl, rührt es, wenn der Arzt den Wein erlaubt, mit ein paar Esslöffel voll davon an, gibt es zu der Sauce, lässt es noch einmal mit aufstoßen und gießt es dann über die Äpfel. Man kann sie kalt und warm geben, wie es beliebt.

267. Apfelmus. Zu diesem nimmt man die gewöhnlichen Musäpfel, oder welche man eben hat, denn es passen sich alle dazu, setzt sie mit etwas Wasser auf und lässt sie nun weich werden. Dann schlägt man sie durch ein Sieb oder einen Durchschlag, tut gestoßenen Zucker, etwas an demselben abgeriebene Zitronenschale und kleine Rosinen so viel dazu, als beliebt, und lässt es noch etwas kochen. Sollte es im Anfang zu dick sein, so lässt man erst den Zucker und die Rosinen mit etwas Wasser ankochen, tut das Apfelmus dazu und lässt es noch eine Viertelstunde kochen.

268. Birnen-Kompott. Wenn die Birnen geschält sind, setzt man sie mit Wasser und Zucker, auch etwas Zitronenschale, zum Feuer und lässt sie kochen. Entweder gibt man ein paar Löffel Sirup oder, wer diesen nicht liebt, 1 Löffel voll gebrannten Zucker dazu, damit die Birnen Farbe bekommen. Sind sie alle weich, so verfährt man damit, wie bei dem Äpfel-Kompott gezeigt wurde, und bringt sie kalt oder warm zu Tische. Auch von Birnen kann man ein Mus machen, und es bleibt die Behandlung ganz mit jener der Äpfel gleich.

269. Pflaumen-Kompott. Die frischen Pflaumen werden eine kurze Zeit in heißes Wasser gelegt, damit man sie besser abschälen kann, dann drückt man die Steine heraus und steckt eine abgeschälte süße Mandel dafür hinein. Unterdessen kocht man zu ½ Metze Pflaumen ½ Pfund Zucker mit etwas Wasser, bis er spinnt, legt die Pflaumen hinein und lässt sie gar, jedoch nicht verkochen, nimmt sie mit einem Schaumlöffel behutsam heraus, lässt, wenn es nötig ist, den Saft noch etwas einkochen und füllt ihn dann über die Pflaumen. Man kann auch zur Veränderung die Pflaumen, wenn sie abgeschält sind, mit Zucker weich kochen, sie dann durchschlagen, auf eine Assiette tun und mit in Wasser weich gekochten kleinen Rosinen bestreuen.

270. Kirschen-Kompott. Man läutert ½ Pfund Zucker mit etwas Wasser, dann tut man 1 Metze schöner süßer Kirschen, aus welchen die Steine herausgenommen wurden, dazu und kocht sie weich und kurz ein.

271. Himbeeren-Kompott. Dazu wird der Zucker gleichfalls geläutert, bis er spinnt oder, wenn man einen Tropfen davon auf einen Teller tut, derselbe stehen bleibt, gibt nun recht rein verlesene Himbeeren in denselben, schüttelt sie nur immer um und zerrührt sie nicht zu sehr mit der Kelle, und wenn man glaubt, dass sie gut sind, so nimmt man sie heraus. Sollte noch zu viel Saft darauf stehn, so müssen sie schnell gekocht werden, damit derselbe kurz einkocht.

272. Erdbeeren-Kompott. Dieser wird ganz auf die nämliche Weise bereitet, nur dass er besser schmeckt, wenn, mit Erlaubnis des Arztes, der Zucker mit Wein geläutert wird. Man braucht zu ½ Pfund Zucker nur 1 Tassenkopf voll Wein.

273. Aprikosen-Kompott. Hierzu wird der Zucker gleichfalls geläutert, bis er spinnt, dann die Aprikosen in zwei Hälften geteilt, solche dazu getan, und wenn sie weich sind, mit dem Schaumlöffel heraus genommen. Der Saft wird noch etwas eingekocht und so über dieselben gegossen.

274. Pfirsich-Kompott. Manche Pfirsiche haben eine sehr dicke Schale, deshalb ist es gut, wenn man sie abschält. Sie werden gleichfalls in zwei Hälften geteilt und ganz so wie die Aprikosen bereitet.

275. Hagebutten mit Rosinen. Man nimmt hierzu recht schöne hellrote und von den Haaren gereinigte Hagebutten, die man dann recht tüchtig wäscht und die Nacht hindurch in kaltes Wasser weicht. Darauf setzt man sie den andern Tag mit Zucker, etwas Zitronenschale und Wasser bei. So wie sie etwas kochen, tut man große Rosinen dazu und lässt sie so lange auf dem Feuer, bis sie beide weich sind und die Sauce recht kurz eingekocht ist.

276. Kompott von getrocknetem Obst. Hierunter verstehe ich jede Obstsorte, welche die Patienten essen dürfen und die in den Gebrauchszetteln von den Herren Ärzten angegeben sind. Man wäscht das Obst mehrere Male mit warmem Wasser und setzt es dann mit kaltem und dem dazu gehörigen Zucker oder Sirup zum Feuer, gibt auch noch eine Rinde Schwarzbrot und etwas Zitronenschale dazu. Ist nun dasselbe ganz weich, so nimmt man es aus der Sauce heraus, tut zu dieser etwas Kartoffelmehl, wie bei dem Äpfel-Kompott gezeigt wurde, und gießt sie dann über das Obst. Man kann es als Kompott zu den Braten und auch zu den Mehlspeisen geben.

277. Quitten-Kompott. Die Quitten werden mit einem recht scharfen Messer so dünn wie möglich abgeschält und die Kernhäuser herausgeschnitten; dann legt man in einer Kasserolle alle die Schalen und Kernhäuser auf den Boden, die in Viertel geschnittenen Quitten nebst etwas Zitronenschale und dem gehörigen Zucker dazu, und gießt kaltes Wasser darauf, nur dass man die Quitten, da sie sehr hart sind, weich damit kochen kann. Dann nimmt man sie heraus, besteckt sie mit abgeschälten, länglich geschnittenen Mandeln und legt sie zierlich auf eine Salatiere, kocht die Sauce noch recht tüchtig mit den Schalen und Kernen durch und tut, wenn es nötig ist, etwas mit kaltem Wasser verrührtes Kartoffelmehl dazu und gibt die Sauce darüber.

278. Weintrauben-Kompott. Dazu wird der Zucker gleichfalls geläutert, bis der Faden spinnt, dann die abgepflückten Traubenbeeren dazu getan und weich und kurz eingekocht.

279. Melonen-Kompott. Die abgeschälten und von dem innern Mark gereinigten Melonen werden in beliebige Stückchen geschnitten und dieselben in dem mit Wein geläuterten Zucker weich gekocht. Wenn man sie herausgenommen hat, so kann man den Saft, im Fall es noch zu viel und derselbe zu dünn ist, etwas einkochen und dann über die Melonen geben.

280. Gurken-Kompott. Diese werden ganz auf die nämliche Weise behandelt und, nachdem sie von allem Mark und allen Kernen befreit sind, in Stückchen geschnitten. Sie schmecken eben so gut wie die Melonen. Auch zu Salat geschnitten, mit feinem Öl und Zucker angemacht, kann man sie geben.

281. Mandel-Creme. Man brüht und schält 4 Loth süße Mandeln, dann stößt man sie mit etwas süßer Sahne ganz zu Brei und rührt oder quirlt 4 Loth feines Mehl damit glatt. Wenn es nicht genug Sahne ist, so gießt man noch ein wenig zu, doch darf es nicht zu dünn sein. Dann schlägt man 8 Eidotter, ¼ Pfund gestoßenen Zucker und die übrige Sahne (es muss im Ganzen ¼ Quart sein) nebst dem Schnee von 8 Eiern, tut alles in einen großen Topf, stellt es auf Kohlen und lässt es unter beständigem Schlagen mit dem Besen so heiß werden, dass es an die Finger brennt. Nun gießt man es auf eine flache Schüssel oder Schale und serviert es kalt.

282. Sahnen-Creme. Es wird ein halber Esslöffel voll Kartoffelmehl mit 15 Eidottern in einem Topfe mit dem Besen recht tüchtig geschlagen. Unterdessen kocht man 1 Quart Sahne mit ¼ Pfund Zucker, woran etwas Zitronenschale abgetrieben wurde, und gießt sie unter beständigem Rühren mit dem Besen zu den Eiern, lässt es auf den Kohlen noch etwas aufstoßen und gießt es auf die Assiette.

283. Schokoladen-Creme. Man kocht 1 Quart Sahne mit 12 Loth Schokolade, worin weder Gewürz noch Vanille ist, und 4 Loth Zucker, wie zu einer gewöhnlichen Schokolade, quirlt 9 Eidotter mit einem halben Esslöffel feines Mehl und ein paar Löffeln kaltes Wasser recht tüchtig durch, gießt die kochende Schokolade dazu, lässt es über dem Feuer noch etwas ziehen und gießt es dann auf die dazu bestimmte Assiette.

284. Creme mit Pumpernickel. Ein Viertelpfund geriebener Pumpernickel oder auch nur schwarzes Bauerbrot wird in ¼ Pfund recht frischer Butter geröstet und dann zu 1 Quart Sahne, welche mit ¼ Pfund Zucker und der Schale von einem Viertel Zitrone gekocht wurde, getan, noch einmal auf Kohlenfeuer gesetzt und dick gekocht. Man gießt es auf eine recht flache Schüssel und garniert es mit eingemachtem Obst. Auch kann man 4 Loth süße Mandeln recht fein stoßen und zu der Creme tun.

285. Himbeeren-Creme. Man kocht 1 Pfund Himbeeren und 2 Tassenköpfe voll Wein und etwas Zitronenschale ganz dick und streicht sie dann durch ein Haarsieb. Nun schlägt man 12 Eidotter mit 1 Esslöffel voll Mehl, ½ Pfund fein gesiebtem Zucker und ¾ Quart leichtem Rotwein recht schäumig, gibt den erkalteten Saft der Himbeeren dazu und lässt es auf Kohlenfeuer noch unter beständigem Rühren ziehen; ganz zuletzt wird das zu steifem Schnee geschlagene Weiße von 6 Eiern dazu getan und so auf die dazu bestimmte Assiette gegeben, worauf man es mit leichtem Biskuit garniert. Auf diese Weise macht man von allen frischen Obstarten Cremes; doch bemerke ich hierbei, dass nur diejenigen, welchen der Arzt der Wein erlaubt, hievon Gebrauch machen können.

286. Wein-Creme. Man tut 1 Quart guten Wein in einen großen Topf, gibt ½ Pfund gestoßenen Zucker, auf dem der vierte Teil einer Zitronenschale abgerieben wurde, 18 Eidotter und einen halben Esslöffel voll Kartoffelmehl dazu, setzt es auf Kohlenfeuer und schlägt es mit dem Besen, bis es steigt und brennend heiß ist. Dann wird es in eine Assiette gegossen und kalt gesetzt. Auch diese Creme kann nur mit ausdrücklicher Erlaubnis des Arztes gegeben werden.

287. Flameri von Kartoffelmehl. Man nimmt von 1½ Quart guter milch so viel weg, um 1½ Tassenkopf recht schönes Kartoffelmehl ganz dünn zu quirlen und eine kleine Hand voll süße Mandeln damit zu Brei zu stoßen. Nun setzt man die übrige Milch mit einem Stück Zucker, worauf etwas Zitronenschale abgerieben wurde, auf das Feuer und gießt unter beständigem Umrühren das verdünnte Kartoffelmehl nebst den Mandeln dazu, worauf man es ganz dick einkochen lässt. Dann nimmt man es vom Feuer, rührt den Schnee von 12 Eiern darunter und gibt es in ein mit kalter Milch ausgespültes Geschirr oder in eine Form, worauf man es an einen kalten Orst stellt, damit es recht steif wird, wenn man es zum Gebrauch herausstülpen will. Zur Sauce kann man 1 Quart Milch mit Zucker abkochen und von den Eidottern 6–8 Stück dazu quirlen.

288. Flameri von Weizenstärke. Man nimmt 10 Loth feine Stärke, 10 Loth gestoßenen Zucker, 1 Quart gute Milch, etwas auf Zucker abgeriebene Zitronenschale und den Schnee von 15 Eiern. Die Zubereitung ist ganz wie bei den Flameris von Kartoffelmehl. Als Sauce kann man eine von den Obstsaucen oder auch, wenn man es recht fein machen will und der Arzt es erlaubt, folgenden Schaum darüber geben: Man schlägt ½ Quart Wein mit 10 Eidottern und ¼ Pfund Zucker, woran etwas Zitronenschale abgerieben wurde, so lange über Kohlen, bis es wie ein Schaum aussieht, lässt es unter beständigem Schlagen wieder kalte werden und gibt es so zu dem Flameri.

289. Flameri von Sago. Man brüht und reiniget 1 Pfund Sago wie zu der Suppe. Dann tut man ihn in kochende Milch, worin etwas gestoßene Mandeln und Zucker, worauf Zitronenschale abgerieben wurde, und kocht ihn so steif, dass der Löffel darin stecken bleibt, gießt ihn in eine mit kalter Milch ausgespülte Form und setzt ihn zum Kaltwerden in den Keller. Eine kalte Kirsch- oder Himbeersauce dazu gegeben macht ihn sehr angenehm.

290. Kalte Biskuitspeise. Man kocht eine Wein-Creme nach Nr. 286 und gibt dann in die Form, in welcher man es machen will (am besten dazu ist eine tiefe Assiette), einige Löffel voll Creme. Hierauf legt man ganz fein geschnittene Stückchen alten Biskuit, was etwa von Torten übrig bleibt, darauf, füllt wieder Creme darüber und so fort, bis beides alle ist. Dann setzt man es in den Keller, und wenn es gebraucht werden soll, stülpt man es auf eine Schüssel und serviert es bei kaltem Abendessen.

291. Flameri von Himbeeren. Man setzt recht reife Himbeeren in einer Porzellanschüssel so lange in den Keller, bis sie anfangen, Saft zu bekommen. Dann presst man sie durch ein Tuch und nimmt auf 1 Quart Saft 12 Loth feine Weizenstärke, 12 Loth Zucker und etwas abgeriebene Zitronenschale, rührt die Stärke mit etwas kaltem Saft dünn, setzt den übrigen mit dem Zucker auf das Feuer und rührt, wenn er kocht, die Stärke dazu, mit welcher man ihn ganz dick und steif kochen lässt; dann wird es in eine mit kaltem Wasser ausgespülte Assiette getan und in den Keller gesetzt. Jede Obstart kann man dazu anwenden. Man gibt etwas kalte Himbeerensauce dazu.

Elfter Abschnitt

Von der Zubereitung einiger Getränke

292. Kaffee von Kakao. Man nimmt ¼ Pfund Kakaopulver, welches man bei den Konditoren bekommt oder sich auch selbst machen kann. Nun lässt man 1 Quart Wasser kochen, tut das Viertelpfund Kakao dazu und lässt es wie Kaffee kochen. Dann wird es durch ein Beuteltuch, wie es die Müller gebrauchen, in eine große weite Schüssel geseiht und in den Keller gesetzt. Wenn es ganz erkaltet ist, so nimmt man die Butter, welche sich oben angesetzt hat, ganz rein hinweg, hießt den Kaffee in einen reinen Porzellantopf, deckt ihn gut zu und hebt ihn zum Gebrauch in dem Keller auf. Er hält sich 2–3 Tage. Wenn man ihn gebrauchen will, so wird so viel, a ls man trinkt, frisch aufgekocht.

293. Kaffee von Roggen. Wenn der Roggen recht fein verlesen und mit einem trocknen Tuche abgerieben ist, so wird er wie gewöhnlicher Kaffee, aber ja recht stark, gebrannt. Zum Kochen rechnet man 4 Tassen auf 2 Loth; diese kocht man lange und lässt sie dann setzen oder durch einen gewöhnlichen Kaffeebeutel laufen. Dieser Kaffee wird mit Zucker und Sahne getrunken und schmeckt sehr angenehm.

294. Schokolade mit Milch. Man quirlt 4 Eidotter mit etwas kalter Milch ganz schäumig, setzt das Übrige (es muss gerade 1 Quart sein) auf das Feuer und wenn sie kocht, so gibt man 12 Loth geriebene Schokolade, in welcher weder Gewürz noch Vanille ist, in die Milch, lässt sie unter beständigem Rühren noch recht gut durchkochen und quirlt die Eier dazu, womit man sie noch etwas ziehen lässt.

295. Schokolade mit Wasser. Man nimmt dazu eine passende blecherne Schokoladenmaschine oder, wenn man diese nicht hat, einen großen

Topf. So viele Tassen, als man haben will, so viel kaltes Wasser nimmt man, und auf eine Tasse 2 Loth Schokolade, bricht sie in kleine Stücke und lässt sie auf Kohlen unter beständigem Umrühren aufkochen. Dann nimmt man sie vom Feuer weg, und nachdem sie 10–15 Minuten gestanden hat, quirlt man sie ganz schäumig und füllt sie in warm gemachte Tassen.

296. Schokolade mit Wein. Die Schokolade mit Wein wird ganz so bereitet, wie die Milch-Schokolade, nur dass man noch Zucker dazu nehmen und erst vom Arzte die Erlaubnis haben muss, ob man sie auch genießen darf.

297. Contang. Man nimmt 4 Loth trocken geröstetes Mehl, 2 Loth Kakaobohnen, 6 Loth Zucker und 1 Quart Milch. Dieses quirlt man alles zusammen und lässt es mit einander gut durchkochen. Dann werden 3 bis 4 Eidotter mit etwas frischem Wasser schäumig gequirlt, die Milch durchgeseiht, dazu getan und wie Schokolade getrunken.

298. Eiermilch. Man lässt 1 Quart Milch mit etwas ganzer Zitronenschale und 3 ganz zu Mus geriebenen süßen Mandeln nebst einer hinreichenden Menge Zucker aufkochen. Man quirle dann 4 Eidotter mit einem Esslöffel voll Wasser recht schäumig, gieße die kochende Milch dazu und gebe es wie Schokolade in Tassen.

299. Eierwasser. Man nehme auf 1 Quart lauwarmes Wasser 4 Eidottern und eine beliebige Menge Zucker, quirle alles zusammen und trinke es lauwarm oder auch abgekühlt.

300. Äpfeltrank. Man schneide 5 Borsdorfer Äpfel in Viertel, gebe 4 Loth kleine Rosinen und etwas Zucker dazu, gieße 1 Quart Wasser darauf und lasse sie 1 Stunde lang kochen. Durchgeseiht und abgekühlt schmeckt es sehr angenehm. Die Äpfel dürfen nicht geschält, das Kernhaus nicht herausgeschnitten und auch während des Kochens nicht zerdrückt werden.

301. Kirschtrank. Man kocht 1½ Pfund süße schwarze Kirschen mit einem Quart Wasser und etwas Zitronenschale ganz weich, quirlt das

Fleisch recht gut von den Steinen, gießt noch etwas kochendes Wasser auf dieselben und lässt es dann durch ein Haarsieb laufen. Nun tut man hinreichend Zucker daran und trinkt es kalt oder lauwarm, wie es die Umstände erfordern.

302. Himbeertrank. Man kocht ½ Pfund Himbeeren mit 1 Quart Wasser ½ Stunde lang, gießt es durch ein Haarsieb, gibt Zucker dazu und trinkt es kalt oder warm.

303. Reiswasser. Vier Loth gereinigten Reis kocht man mit einem Quart Wasser und einem Stücke Zucker eine Stunde lang. Dann wird es durch ein reines Tuch gegossen und kalt oder warm getrunken.

Zwölfter Abschnitt

Von der Zubereitung eingemachter Früchte

304. Himbeermus. Man nimmt recht schöne reife Himbeeren und rechnet auf 1 Pfund derselben ½ Pfund Zucker, welchen man in Stückchen schlägt, mit den Himbeeren zugleich in eine Kasserolle tut und auf Kohlen so lange kochen lässt, bis ein Tropfen davon, auf einen Teller getröpfelt, steif stehen bleibt. Wenn dieses Mus etwas abgekühlt ist, füllt man es in Gläser, lässt diese über Nacht offen stehn und bindet sie dann mit Papier zu, in das man mit einer Stricknadel mehrere Löcher sticht.

305. Himbeergelee. Hierzu nimmt man gleichfalls recht reife Beeren, tut diese in einen neuen Topf mit einem fest passenden Deckel und setzt denselben in einen Kessel mit kochendem Wasser, welches aber nicht so hoch steigen darf, dass es in den Topf hinein kochen könnte. Hier lässt man es stehen, bis sich der Saft zeigt, welchen man immer behutsam abgießt, damit man ihn recht klar erhält; setzt den Topf wieder in das kochende Wasser und fährt auf diese Weise fort, bis kein Saft mehr darin ist. Dann wiegt man den Saft und nimmt zu einem Pfund desselben ¾ Pfund vom feinsten Zucker, setzt diesen mit dem Saft in einer Kasserolle auf Kohlenfeuer und kocht es so lange, bis es – erkaltet – Gelee wird, gießt ihn, etwas verkühlt, in Einmachgläser und stellt ihn an einen kühlen, aber trockenen Ort, wo er sich Jahre lang gut erhält.

306. Kirschen einzumachen. Aus den großen süßen Kirschen macht man mit einer Federpose die Steine heraus, nimmt auf jedes Pfund derselben ½ Pfund Zucker, kocht es in einer Kasserolle auf Kohlenfeuer so lange, bis es anfängt, steif zu werden, und hebt diese Kirschen nun, in Gläser oder in steinerne Töpfe gefüllt, zum Gebrauch auf.

307. Kirschsaft. Da die sauren schwarzen Kirschen nicht erlaubt sind, so bedient man sich hierzu der süßen schwarzen Kirschen, welche man von den Kernen befreit und in einem porzellanenen Napfe 24 Stunden in den Keller setzt. Nach Verlauf dieser Zeit presst man die Kirschen durch ein reines leinenes Tuch, nimmt zu 1 Pfund Saft ¾ Pfund Zucker, setzt es über gelindes Kohlenfeuer und kocht es bis zum dritten Teil ein; wenn es kalt ist, füllt man es in gut ausgetrocknete Flaschen, welche man mit Papier bedeckt, nach 3 bis 4 Wochen aber, wenn man sieht dass der Saft gut geblieben ist, pfropft man sie fest zu und hebt sie im Keller auf.

308. Aprikosen einzumachen. Man nimmt hierzu noch nicht ganz reife Aprikosen, welche aber doch schon ganz gelb sind, schneidet sie in der Mitte durch, legt sie in kochendes Wasser und lässt sie nur einmal darin aufwallen, hebt sie dann mit einem Schaumlöffel heraus, legt sie auf ein reines Tuch und lässt sie ganz trocken werden. Nun wiegt man die Aprikosen, nimmt eben so viel Zucker, läutert ihn mit ein wenig Wasser, legt die Aprikosen hinein und lässt sie so lange kochen, als ein hartes Ei Zeit braucht. Wenn dieses geschehen ist, so legt man sie in eine Assiette, worin man dieselben über Nacht stehen lässt. Des anderen Tages kocht man sie etwas länger und wiederholt es auch am dritten Tage. Dann legt man die Aprikosen in ein dazu bestimmtes Glas, kocht den Saft mit einem Stückchen Zitronenschale dick, gibt ihn über die Aprikosen, lässt sie eine Nacht offen stehen, verbindet dann das Glas mit Papier, worin einige Löcher gestochen sind, und stellt es an einen kühlen, aber trockenen Ort. Man muss öfters nachsehen, und wenn man glaubt, dass sie verderben könnten, so muss man sie wieder aufkochen.

309. Ananas einzumachen. Man schält die Ananasse ganz fein ab und zerschneidet sie in feine Scheiben, nimmt auf ein Pfund derselben ¾ Pfund Zucker, welchen man mit einigen Esslöffeln voll Wasser so lange kocht, bis er Fäden spinnt, legt dann die Früchte hinein und kocht sie darin weich, tut sie mit einem silbernen Löffel in ein Einmachglas, kocht den Saft zu Sirup und gibt ihn darüber. Auch kann man die Ananasse in trocknem Zucker aufbewahren. Hierzu nimmt man vom feinsten weißen Zucker, stößt und siebt denselben, bestreut den Boden eines Zuckerglases eines Fingers dick damit, legt die abgeschälten und in ganz dünne Scheibchen geschnittenen Früchte nebeneinander darauf, dann wieder Zucker, und wiederholt dies abwechselnd, bis die Scheiben auf diese Weise verbraucht sind. Nun wird oben gleichfalls eine recht dicke Schicht Zucker gestreut, das Glas mit Papier fest zugebunden und an einem kühlen, aber ja recht trocknen Orte aufbewahrt.

310. Melonen einzumachen. Hierzu nimmt man die Melonen, wenn sie noch ganz hart sind, schält das Grüne davon ab, befreit sie von dem Kerngehäuse, schneidet sie in beliebige Stückchen und legt sie in eine tiefe porzellanene Schüssel. Nun läutert man Zucker (auf 1 Pfund Melone 1 Pfund Zucker), so dass der Faden spinnt, wenn man ihn mit dem Löffel in die Höhe zieht, und gießt ihn so über die Melonen. Dieses wiederholt man 3 Mal. Das letzte Mal muss man die Melonen proben, ob sie etwa zu hart sind; dann kann man sie etwas mitkochen lassen, doch muss man sich in Acht nehmen, da sie sehr leicht zu weich werden. Zuletzt wird der Saft zu dickem Sirup gekocht und über die Früchte, welche man in Zuckergläser gelegt hat, gegossen, mit Papier, worein mit einer Stricknadel Löcher gestochen sind, zugebunden und an einem kühlen, trockenen Ort gesetzt.

311. Reineclauden einzumachen. Diese Früchte werden, wenn sie noch nicht ganz weich sind, mit den Stielen vom Baume genommen, in kochendem Wasser einmal aufgewellt und auf ein reines Tuch gelegt, bis sie ganz abgetrocknet sind. Wenn sie ganz erkaltet sind, so werden sie gewogen und zu 1 Pfund Reineclauden ¾ Pfund Zucker genommen; derselbe wird geläutert, die Früchte etwas darin mitgekocht, dann nach 24 Stunden abermals, und dieses dreimal wiederholt, hierauf in ein Zuckerglas gelegt, der Saft zu dickem Sirup gekocht und eben so aufbewahret, wie bei den Aprikosen Nr. 308 gezeigt wurde.

312. Birnen einzumachen. Hierzu nimmt man am liebsten Muskateller oder *poires blanches*. Erstere werden zwar reif, aber ja gleich vom Baume weg, damit sie nicht weich werden, genommen. Diese schält man ab, lässt aber die Stiele daran. Nun kocht man zu einer Metze Birnen 1 Quart Wasser mit 1 Pfund Zucker und etwas Zitronenschale auf, legt die Birnen hinein und kocht sie so lange, bis sie, wenn man mit einem

Strohhalm hineinsticht, sich weich stechen. Dann werden sie mit einem Schaumlöffel herausgenommen, und wenn sie ganz kalt sind, in Zuckergläser oder Steintöpfe gelegt, die Sauce noch etwas dicker gekocht und ausgekühlt darüber gegossen. Die *poires blanches* jedoch müssen noch nicht ganz reif sein, wenn man sie einmachen will; sie werden abgeschält und in der Mitte durgeschnitten. Übrigens verfährt man eben so damit, wie bei den Muskateller gezeigt wurde.

313. Pflaumen einzumachen. Man nimmt hierzu recht große reife, jedoch noch nicht weiche Pflaumen, übergießt sie mit kochendem Wasser, zieht die Haut ab und nimmt die Steine heraus. Nun kocht man zu einem Pfunde Pflaumen 1 Pfund Zucker mit ¼ Quart Wasser zu Sirup, legt die Pflaumen dazu, lässt sie etwas, aber ja nicht ganz weich kochen, nimmt sie dann mit dem Schaumlöffel heraus, kocht den Saft dick und gießt ihn so über die Pflaumen. Dieses wird 2–3 Mal wiederholt, worauf die Früchte in Gläsern oder Steintöpfen aufbewahrt werden.

314. Pflaumenmus. Dazu nimmt man recht reife Pflaumen, befreit sie von den Häuten und Steinen auf eben gezeigte Art und kocht sie, auf 1 Pfund Pflaumen ¼ Pfund Zucker, über gelindem Kohlenfeuer und unter beständigem Umrühren ganz dick und musig. Man sieht dann nach, ob sie nach einigen Tagen keinen Saft ziehn, in welchem Falle sie noch einmal gekocht werden. Alsdann verwahrt man sie in Steintöpfen an einem trockenen Orte. Dieses Mus ist zu Mehlspeisen und Backwerk besonders zu empfehlen, da es sehr fein schmeckt und auch gut aussieht.

315. Äpfel-Marmelade. Man nimmt recht schöne saftige Borsdorfer Äpfel, schneidet sie in Viertel und setzt sie mit Schale und Kerngehäuse in Wasser auf gelindes Kohlenfeuer, wo man sie, ohne sie zu zerrühren, weich kochen lässt. Alsdann streicht man sie durch ein Haarsieb, nimmt zu 1 Pfund Äpfel ¾ Pfund Zucker und kocht es so lange miteinander, bis es dick wird. Dann schäumt man es rein ab, tut die Schale von einer halben Zitrone dazu und kocht es noch so lange, bis, wenn man einen Tropfen davon auf einen Teller tut und er kalt ist, derselbe erstarrt. Nun lässt man es etwas abkühlen und füllt es in Gläser oder steinerne Töpfe.

316. Quitten-Marmelade. Die Quitten werden in Wasser ganz weich gekocht, die Haut davon abgezogen, auf einem Reibeisen gerieben und durch ein Haarsieb gestrichen. Dann läutert man, so schwer als das Quittenmark wiegt, Zucker mit dem Wasser, worin die Quitten gekocht worden sind, tut das Mark dazu und kocht es über schwachem Kohlenfeuer so lange, bis es sich von der Kasserolle ablöst, tut es in Schachteln und hebt es zum Gebrauch auf.

317. Hagebutten-Marmelade. Man schneidet die Hagebutten in der Mitte durch, nimmt die Kerne und Haare davon heraus und wäscht sie mehrere Male in kaltem Wasser ab, lässt sie in einem Durchschlage rein ablaufen und stellt sie so lange in den Keller, bis sie anfangen, ganz weich und teigig zu werden, wozu oft mehrere Tage erforderlich sind. Wenn sie nun ganz weich sind, so werden sie mit einem starken Löffel durch ein Haarsieb gestrichen, dann nimmt man zu 1 Pfund Mark 1 Pfund Zucker, läutert ihn mit etwas Wasser, bis er Fäden zieht, nimmt ihn vom Feuer und rührt, wenn er nur noch lauwarm ist, die Hagebutten dazu, setzt es wieder auf Kohlenfeuer und lässt es noch eine Viertelstunde kochen. Dann füllt man es, halb abgekühlt, in Gläser, bindet diese, wenn es ganz kalt ist, mit Papier zu, worein mit einer Nadel Löcher gestochen werden, und stellt es an einen trocknen, kühlen Ort.

Register

Abgerührte Milchbrote mit Sauce	56	Butterprezeln	91
Ananas einzumachen	107	Butterstriezeln	91
Äpfel-Kompott	96	Butterteig mit Bärme	66
Apfelkuchen von Bärmeteig	87	Contang	104
Äpfel-Marmelade	109	Cousern	92
Apfelmus	96	Creme mit Pumpernickel	100
Apfelmus-Gebäck	54	Cremetorte	81
Apfelsauce	22	Croquets von Kälbermilch	29
Apfelscheiben	92	Dampfnudeln	58
Apfelspeise	53, 54	Eier in Sauce	64
Apfeltorte	82	Eierkuchen	57
Äpfeltrank	104	Eiermilch	104
Aprikosen einzumachen	107	Eierwasser	104
Aprikosen-Kompott	98	Erdbeeren-Kompott	97
Aprikosenspeise	51	Erdbeerenspeise	51
Aprikosentorte	83	Erdbeerentorte	83
Artischocken mit Kälbermilch gefüllt	39	Fasanenbraten	75
Ausgestrichene Torte	80	Feiner Blätterteig	65
Bacher Napfkuchen	93	Filet	25
Bairische Grießklöße	63	Fisch-Pudding	47
Bärme- oder Hefeteigkuchen	84, 85	Flameri von Himbeeren	102
Bärmekloß	59	Flameri von Kartoffelmehl	101
Bärmemehlspeise	59	Flameri von Sago	101
Beefsteaks	26	Flameri von Weizenstärke	101
Birnen einzumachen	108	Fricandeaux	28
Birnen-Kompott	96	Frikassee von Hechten	31
Birnentorte	84	Frikassee von Kalbsfleisch	27
Biskuittorte	79	Frikasseesauce	21
Blätterteig mit Sahne	65	Gebackene Nudeln	49
Blätterteig auf eine andere Art	65	Gebackener Bärmekloß	60
Blumenkohl	39	Gebackener Grieß	50
Blumenkohl mit jungen Tauben	39	Gebackener Pudding	47
Bouillon zu allen Suppen	11	Gebackener Reis	47
Bouletten von Fischen	31	Gebrannter Teig	66
Braune Sardellensauce	20	Gebratene junge Hühner	76
Braunschweiger Kuchen	85	Gebratene Lerchen	76
Brechbohnen	37	Gebratene Rebhühner	74
Brot-Pudding	45	Gebratene Tauben	76
Brottorte	77	Gebratener Hecht	31
Butterbiskuit	80	Gebratener Karpfen	32

Gebrühte Klöße	62	Kirschenspeise	51
Gebrühter Kuchen	86	Kirschentorte	82
Gefüllte Gurken	41	Kirschkuchen von Bärmeteig	88
Gefüllte Kohlrabi	38	Kirschsaft	107
Gefüllte Milchbrote	56	Kirschsauce	22
Gefüllter Kohlkopf	44	Kirschtrank	104
Gefüllter Kopfsalat	41	Kleine Bärmklöße	60
Geschmorte Kalbskeule	26	Kleine Farcepasteten	71
Grünkohl	47	Kleine Kartoffeln mit Hering	44
Gurken auf eine andere Art	42	Kleine Teekuchen	94
Gurken-Kompott	99	Klops	26
Gurkensauce	22	Klöße in der Serviette	61
Hachee	29	Kohlrabi	38
Hagebutten mit Rosinen	98	Kompott von getrocknetem Obst	98
Hagebutten-Marmelade	110	Kraftsuppe	13
Hagebuttensauce	22	Krauser Eierkuchen	57
Hagebuttenspeise	53	Makkaroni	49
Hammelbraten	73	Mandelbiskuit	80
Hasenbraten	74	Mandel-Creme	99
Himbeeren-Creme	100	Mandelplätzchen	91
Himbeeren-Kompott	97	Mandelschnitte	55
Himbeerenspeise	51	Mandelspeise	50
Himbeerentorte	83	Mandeltorte	77
Himbeergelee	106	Masarinen-Torte	82
Himbeermus	106	Melonen einzumachen	99
Himbeersauce	22	Melonen-Kompott	135
Himbeertrank	105	Milchbrote auf eine andere Art	56
Hirsch- oder Rehkeulen	74	Milchreis	49
Hirsch- oder Rehziemer	73	Milchsauce	21
Hohlkuchen	89	Milchsuppe mit Klößchen	18
Holländische Sauce	20	Milchsuppe mit Plinzen	18
Kaffee von Kakao	103	Milchsuppe mit Schneeklößchen	18
Kaffee von Roggen	103	Mohrrüben mit Schoten	36
Kaffeekuchen	86	Mohrrüben	36
Kälberbraten	72	Morchelnsauce	21
Kalbfleisch mit kleinen Rosinen	27	Napfkuchen	93
Kalbskoteletten	28	Noch eine Art Klöße	62
Kalte Biskuitspeise	102	Ochsenzungen	26
Kapaunenbraten	75	Omelette soufflée	54
Karmeliter Torte	79	Pastete von Bärmeteig	71
Karpfen mit Bier	32	Pastete von Hasen	67
Kartoffelklöße	63	Pastete von Hechten	70
Kartoffelspeise	63	Pastete von Hühnern	67
Kirschen einzumachen	106	Pastete von Kalbfleisch	68
Kirschen-Kompott	97	Pastete von Karpfen	70

Pastete von Rebhühnern 69	Schmorfleisch 24
Pastete von Schnepfen 70	Schneebälle 89
Pastete von Tauben 67	Schneidebohnen 37
Pastete von Wildbret 69	Schneidebohnen mit Milch 37
Pfannkuchen 90	Schokolade mit Milch 103
Pfirsich-Kompott 98	Schokolade mit Wasser 103
Pfirsichspeise 52	Schokolade mit Wein 104
Pfirsichtorte 84	Schokoladen-Creme 100
Pflaumen einzumachen 109	Schokoladenspeise 50
Pflaumen-Kompott 97	Schokoladentorte 79
Pflaumenkuchen von Bärmeteig 88	Schoten 37
Pflaumenmus 109	Schüssel-Hecht 30
Pflaumenspeise 53	Schwemm-Pudding 45
Pflaumentorte 82	Semmel zum Reiben 95
Plinzen mit Sauce 55	Semmelklöße 61
Pudding von Reismehl 46	Semmel-Pudding 49
Pudding von Sago 47	Semmelschmarn 58
Putenbraten 75	Semmeltorte 78
Quitten-Kompott 98	Spargel mit einem bairischen
Quitten-Marmelade 110	Eierplatz 35
Quittenspeise 52	Spargel mit Kalbfleisch 34
Quittentorte 84	Spargel mit Mohrrüben 34
Randkuchen 86	Spargel 34
Reineclauden einzumachen 108	Spazierkuchen 89
Reis mit Äpfeln 48	Spiegeleier mit Hering 64
Reis mit Parmesankäse 49	Spiegelkuchen 90
Reiswasser 105	Spinat 35, 36
Rinderbraten 25	Spritzkuchen 88
Rindfleisch mit einer Kruste 25	Suppe mit abgestochenen Eiern 16
Rindfleisch zu grillieren 25	Suppe mit Butterklößchen 16
Rindfleisch zu kochen 24	Suppe mit eingelaufenen Gliedern 14
Rosinen-Pudding 46	Suppe mit Fischklößchen 15
Rosinensauce 21	Suppe mit Fleischklößchen 15
Rosinenschnitte 55	Suppe mit Graupen 11
Rosinenspeise 50	Suppe mit Grieß 12
Roter Kohl mit Pflaumen 43	Suppe mit Grießklößchen 16
Sahnen-Creme 99	Suppe mit Hühnern 12
Sahnesauce 21	Suppe mit Kartoffelklößchen 16
Sahnetorte 77, 78	Suppe mit Mehlgräupchen 12
Sandtorte 101	Suppe mit Nudeln 12
Sauerkohl 44	Suppe mit Plinzen 14
Schichttorte 78	Suppe mit Reis 11
Schleie 33	Suppe mit Schwemmklößchen 13
Schmarn 58	Suppe mit Semmelklößchen 15

Suppe von Aprikosen 19
Suppe von Bosdorfer Äpfeln 18
Suppe von Eiergerste 14
Suppe von Hafergrütze 17
Suppe von Kälbermilch 14
Suppe von Kirschen 19
Suppe von klarem Bouillon 16
Suppe von Lerchen 13
Suppe von Pflaumen.............................. 19
Suppe von Reisgrieß.............................. 17
Suppe von Weißbier mit Eiern 18
Suppe von Weißbier mit Sago 17
Suppe von Weißbier 17
Süßer Teig zu Torten 66, 67
Tauben wie Rebhühnern zu braten 76
Topfklöße... 62
Waffeln 92
Waffeln ohne Bärme 92
Wasserteig auf eine andere Art 66
Wein-Creme... 100
Weintrauben-Kompott.......................... 99
Weintraubenspeise................................ 52
Weintraubentorte.................................. 83
Weiße Rüben.. 43
Weiße Rüben mit Hecht...................... 43
Weiße Sardellensauce 20
Weißkohl... 40
Wirsingkohl.. 42
Zander... 30
Zweibrücker Kuchen............................ 87
Zwieback... 94

www.ingramcontent.com/pod-product-compliance
Lightning Source LLC
Chambersburg PA
CBHW031835230426
43669CB00009B/1361